特殊年代的回忆　农耕民俗

乙里香

董发根·著

文化艺术出版社
Culture and Art Publishing House

序

  一位长期在建筑行业摸爬滚打的"老板",在10多年的业余时间里,著述100多万字,作品涵盖学术专业、社会生活等内容,这种不用扬鞭自奋蹄的精神难能可贵。

  董发根生在农村、熟悉农村,家国情怀浓厚,了解国家不同时期经济发展的大政方针。本书中,他对1960—1980年前后家乡的农耕民俗、生活情景等,尽可能地进行了还原,特别是详细介绍了当地主要农耕民俗的细节,这是对过去生活的一种敬意和怀念。

  时代在不断进步和变化,本书中记述的许多内容已过去50多年,很多习惯做法和生活方式已被现代社会淘汰、替代或遗忘,但对记录和研究当时的农耕民俗文化,乃至那个时代江南农村的特殊情形,具有深远的意义。

  董发根没有正规大学的硕、博文凭,但他是自学成才的典型,也是一位难得的复合型人才。他正直敬业、勤奋好学、热情开朗、追求卓越,独特的成长经历和鲜明的个性以及工作作风,给人留下了深刻印象,在当今复杂多变的社会里,犹如一缕清风沁人心脾。

  董发根无论在人大代表履行职责、政协委员参政议政,还是在社会组织聚力赋能等方面，都尽心尽职，是一位有思想、有觉悟、有高度、有强烈社会责任感的企业家，在业内外享有较高的威望和知名度。企业在他的带领下，业绩和声誉与时俱进，成为行业的佼佼者。

董发根著书立说，不时在国家和省、市级媒体上发表文章，足见其思想活跃，学术观点之独特。他的文章贴近现实、与时俱进，写作深度、表达维度在不断提升，其作品得到了大家的充分肯定和高度评价。

不忘根本，才能继往开来。董发根在花甲之年出版的《七星香》，无疑是一本弘扬和传承农耕民俗文化的优秀作品。祝愿董发根在未来的日子里，继续发力、发光、发热，为社会进步作出更大贡献。

徐鸿道

中国人民政治协商会议浙江省委员会原副主席

目录

上篇　桑梓情怀

一、嘉禾屯田 / 004

二、陆路水路 / 007

三、信息交往 / 010

四、褕身布襕 / 014

五、人民公社 / 018

六、包产到户 / 026

七、梦中老家 / 029

八、继往开来 / 034

中篇　四季乡愁

一、春季 / 044

　　（一）过大年 / 044

　　（二）走亲戚 / 050

　　（三）元宵节 / 052

　　（四）春播准备 / 053

（五）早稻秧田 / 053

（六）春菜收成 / 056

（七）春色烂漫 / 058

二、夏季 / 062

（一）立夏节 / 063

（二）春耕 / 064

（三）种菱 / 074

（四）春蚕 / 075

（五）端午节 / 078

（六）晚稻秧田 / 079

（七）抢收抢种 / 080

（八）夏日趣事 / 089

三、秋季 / 093

（一）粜谷 / 094

（二）杂粮收成 / 096

（三）寒菜播种 / 097

（四）中秋节 / 099

（五）采菱 / 099

（六）秋蚕 / 101

（七）春菜播种 / 101

（八）秋的记忆 / 101

四、冬季 / 105

（一）秋收冬种 / 106

（二）寒菜收成 / 107

（三）卖咸菜 / 111

（四）罱河泥 / 112

（五）卖猪 / 114

（六）农闲活 / 115

（七）年终分红 / 119

（八）冬季忆旧 / 120

下篇　百工礼仪

一、匠商 / 128

（一）泥木工 / 130

（二）修船匠 / 130

（三）箍桶匠 / 131

（四）修缸补甏 / 131

（五）磨剪刀抢菜刀 / 132

（六）补铁锅 / 132

（七）弹棉花 / 133

（八）棕匠 / 134

（九）裁缝师傅 / 135

（十）鸡毛换糖纸（换糖） / 136

（十一）通烟囱 / 136

二、织布 / 138

（一）轧棉花 / 138

（二）制棉花条 / 138

（三）纺线 / 139

（四）缚纱 / 139

（五）染色 / 139

　　（六）浆纱 / 140

　　（七）经布 / 140

　　（八）织布 / 142

三、建房 / 145

　　（一）准备 / 148

　　（二）定磉 / 150

　　（三）上梁 / 151

　　（四）装修施工 / 157

　　（五）打灶头 / 157

四、婚俗 / 160

　　（一）看亲 / 160

　　（二）吃篮 / 161

　　（三）定亲 / 161

　　（四）话亲 / 162

　　（五）担盘 / 162

　　（六）结婚 / 163

　　（七）对月回门 / 174

　　（八）担夏 / 175

　　（九）担糖 / 175

　　（十）抓周 / 176

五、祭祀 / 178

　　（一）庙会 / 178

　　（二）杭州烧香 / 181

　　（三）清明节 / 183

（四）七月半 / 184

　　（五）冬至节 / 185

　　（六）莲泗荡烧香 / 185

　　（七）除夕 / 186

六、葬礼 / 188

　　（一）转尸 / 188

　　（二）守灵 / 190

　　（三）出殡 / 197

　　（四）做七 / 200

　　（五）脱白 / 201

七、其他 / 202

后　记 / 203

上篇 桑梓情怀

家乡，是一部年代久远、纸面发黄的词典。村庄、河流、田野、乡亲、袅袅炊烟、梦中老家……这里的每一个词条都让我百读不厌，每次翻阅或者检索都会让我有新的感悟与思索。

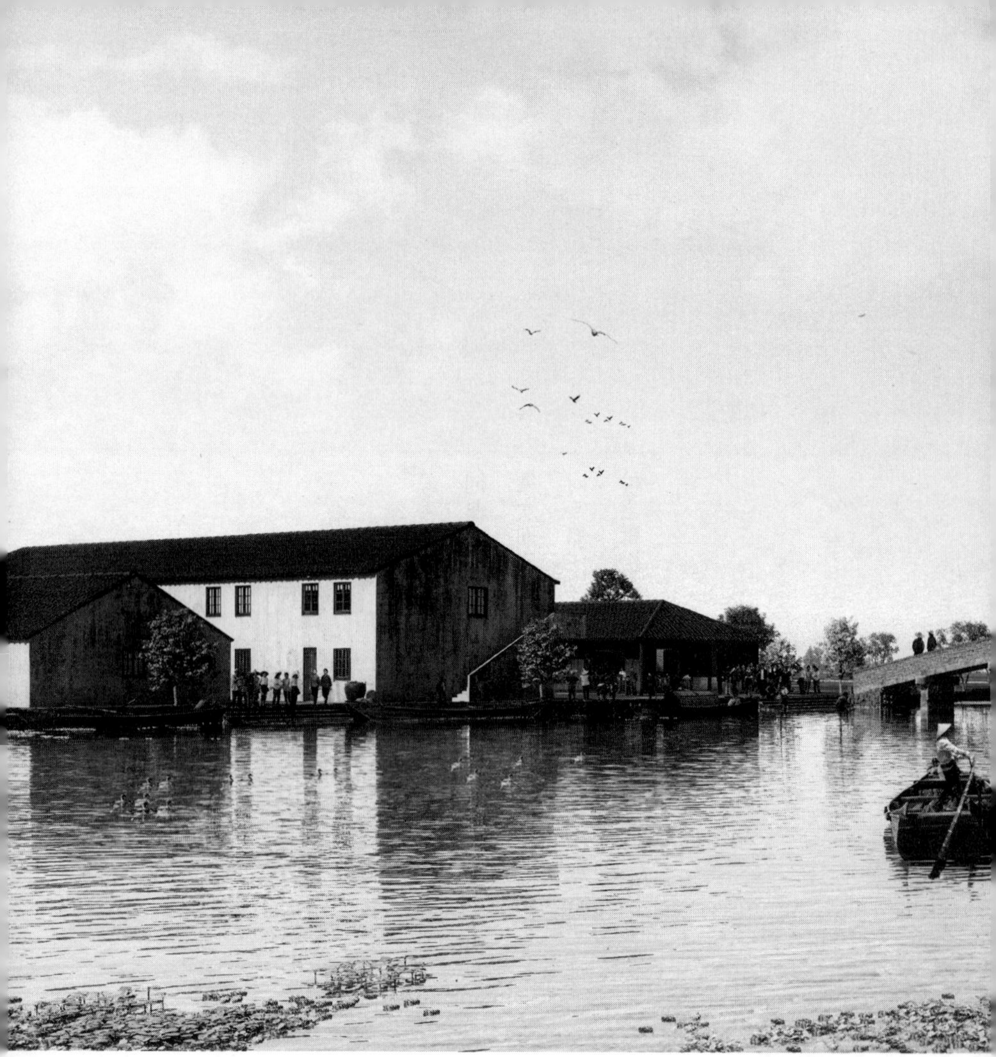

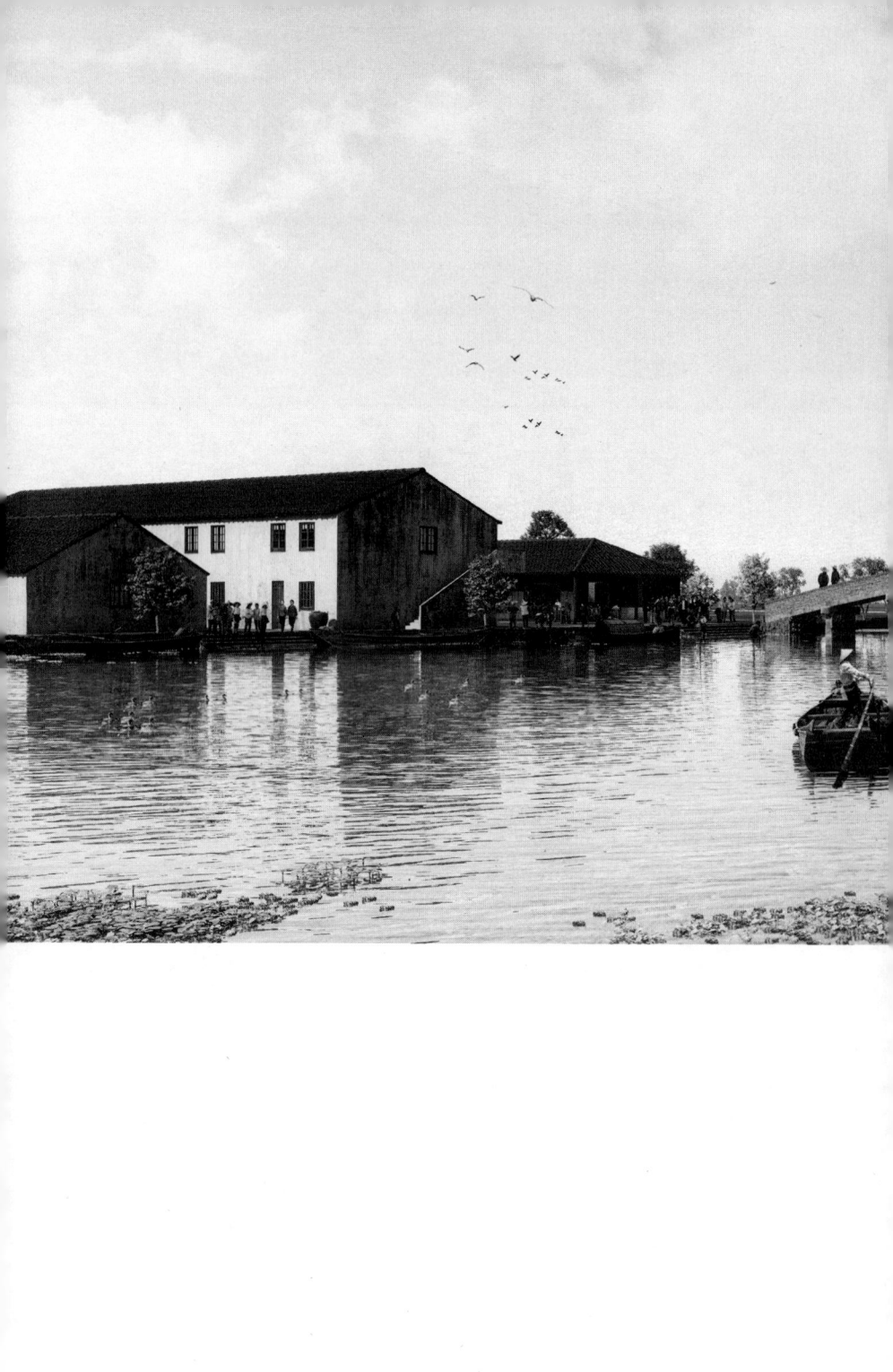

原七星桥

原七星桥重建于清道光十五年（1835），在现万兴桥向东沿桥堍港南岸的潭港上，为七孔石板桥，原名青云桥，因桥有七个孔，俗称七星桥，1976年被拆除，1977年由原址南移至西王浜口，建成了现在的钢筋混凝土结构七星桥。原七星桥没有完整照片留存，这是拆除前的原七星桥印象图。

一、嘉禾屯田

我的家乡在浙江省嘉兴市东郊的七星街道高丰村，一个叫方家港的自然村。高丰村位于七星街道的西南，历史上"嘉禾屯田"就在高丰村，"高丰"也因此而得名。随着嘉兴城市化进程的推进，现高丰村的村庄已成为历史。

嘉禾屯田，是指唐朝安史之乱后，北方的经济基础被彻底击毁，为了纾解军需民食之困，政府下令"择封内闲田荒壤，人所不耕者为其屯"。在此背景下，嘉禾屯田是由政府主导的一项嘉兴粮食生产活动。文献《苏州嘉兴屯田纪绩颂并序》中记录了中晚唐时期嘉兴农田水利建设的欣欣向荣之态，对嘉禾屯田给予了高度评价。

当时，嘉禾屯涵盖了现在的嘉兴（南湖、秀洲）、嘉善、平湖和江苏的吴江以及上海的松江、金山等地，有"嘉禾一穰，江淮为之康；嘉禾一歉，江淮为之俭"之说，可见当时嘉禾屯田的重要性。从嘉禾屯田开始，嘉兴逐步成为全国重要的产粮区，进入了天下粮仓之列，声名远扬。

嘉禾屯有27个小屯，现在嘉兴市区的七星、东栅、塘汇、大桥镇（街道）都属高丰屯。高丰屯的"核心指挥部"设在现在的七星街道高丰村高丰庙。柳琰纂修的《（弘治）嘉兴府志》（1492）记载："高丰庙在县东一十八里，唐屯田之所……"可见，那时已有高丰庙。新中国成立前高丰庙几经兴废，还剩下三楹七楞头平房孤零零地矗立在嘉善塘（当时称魏塘河）的北岸边，房舍有围墙，场地前的旗杆石上高高耸立着一面旌旗，迎风飘扬。塘上路过高丰庙的船都会作个停留,拜个佛、礼个香。高丰庙在新中国成立前就已经没有和尚,平时有流浪汉居住,但当地群众每月会自发地来这里拜香忏,每年还会举办盛大的庙会活动。1956年,嘉兴县塘汇区七星第二管理区建造办公用房需要,高丰庙被拆除,所有建筑材料被运往南庄浜建造大礼堂。从此,只剩下一座岌岌可危的高丰桥。

在高丰庙的右前方50米,即嘉善塘北岸的纤路和高丰桥,重建于1857年。高丰桥东西走向,系单孔石拱桥,南北侧桥额上镌有"高丰桥"桥名,拱券顶端镌有"咸丰七年"(1857)字样。桥长12.6米,顶宽1.8米,底宽2米,桥孔跨径4米,拱高2米,东端桥堍有10级台阶,西端桥堍有8级台阶。南北两侧有桥联,北桥联为"仁惠千家乐,魏塘万户安";南桥联为"秋月常迎福迹,春波西送垂虹"。遗憾的是,高丰桥也于2010年12月倒塌消失。

图1-1 高丰桥(2008)

七星的名称则由来较晚。清中期，在万兴桥南北两侧向东延伸至凉亭汇（青云桥堍西），先后开设了茶馆、铁店、药店、肉店、杂货店、染店等店铺，开始形成集镇，俗称桥堍。清道光十五年（1835），重建青云桥（七孔石板桥）。

宣统年间，嘉兴商人赵富亭在青云桥西侧开办大经茧厂，在桥东堍购置土地建造了30来间店铺出租，集市中心开始转移至青云桥堍两侧。

青云桥建成后，因桥有七孔，民间习惯上称其为七星桥，历经近百年（1835—1928），七星桥一称的传播和名声使真名渐渐没人提起或被遗忘，甚至后人基本无人知道其真名了。

到民国十七年（1928），当时嘉兴城区实行里村制，全区编为22里，五个直属村，分别是白鹭村、皋桥村、七星桥村、神塘村和张月河村，这是历史上第一次记载有七星桥名称的村级区域名称。

新中国成立后，1950年8月划区建设乡时，删去了"七星桥"的"桥"字，成立了七星乡，这是历史上第一次出现以七星命名的乡镇级区域名称。

家乡盛产水稻、麦子、油菜和蚕豆等粮食作物，种植和腌制雪菜（雪里蕻）、大头菜、萝卜干等主要农副产品，也是村民们的主要收入来源。那时的家乡与大多数江南农村一样，经济落后、物资紧缺，老百姓过着艰难的生活。

家乡四季分明、土地肥沃、民风淳朴，村民们都是祖祖辈辈居住在这里的本乡人。他们绝大部分没有读过多少书，很多人是文盲，尤其是女性，也没有出过多少远门，大家都过着"日出而作、日落而息"的农耕生活。

二、陆路水路

"嘉禾屯田"及其高丰庙和高丰桥,是关于家乡最早的历史记载。而沪杭铁路和杭申公路的建成,是家乡近代的重大建设项目,并对当地经济社会发展起到了重要作用。

1906年9月,杭州至枫泾段(浙路)铁路开工,1909年年初,竣工,1909年4月,通车。1907年2月,上海至枫泾段[苏路(当时枫泾属于江苏)]铁路开工,1909年春竣工通车。1909年6月,浙路、苏路在枫泾接轨,1909年8月,沪杭铁路正式投入营运,起点站为上海南站,终点站为杭州闸口站,全线标准单线铁路,长度为186.2公里,这就是最早的沪杭铁路。

1934年,浙北苏南一带遭遇罕见大旱,河港浜底朝天,百姓饮水艰难,大部分田地绝收。第二年,浙江省政府以工代赈,筑杭州至嘉善公路,俗称"杭善公路",途经桐乡、嘉兴。杭善公路全部工程于1936年11月26日竣工通车。因为嘉善到上海的公路先前就通了,所以从杭州到上海的杭申公路只要筑到嘉善就可以了。由于桐乡境内水网密布,河流众多,因此公路桥也建得很多,建桥用料主要从南洋进口而来。这就是最早的杭申公路,现320国道。

七星中间有铁路沪杭铁路(1991年12月,沪杭线复线"双规"建成通车)、七星桥火车站,公路有杭申公路(20世纪80年代初还是碎石路面)、胜利汽车站(原新荡村、现江南新家园南入口处),水路有镇域北界的三店塘、南界的嘉善塘和平湖塘,陆路水路横贯东西,在当时的农村,称得上是交通非常便利的地区。

20世纪70—80年代初,嘉善塘还有一班客轮叫"向阳班"(当时的向阳公社,现大桥的步云集镇),其中有一停靠站名为高丰庙。那时从嘉兴火车站到七星桥火车站,从嘉兴轮船码头到高丰庙码头,单程票价都是0.2元。因为乘轮船时间长,小时候我们都喜欢坐轮船,因为"享受"时间长,"合算"。但很多农民为了节约0.2元的车、船票,都步行到嘉兴或嘉善城里。还有很多上了年纪的老人,一辈子从来没有走出过嘉兴、嘉善,去县城的次数也是屈指可数。以前去过杭州和上海的人,算是见过大世面了,北京、天津只是传说,有了露天电影以后,才第一次看到北京天安门。

那时家门口没有直通的公路,也没有自行车等现代交通工具,主要交通工具是停靠在"踏垌"(平地到河道的石台阶)边的木船。其主要作用是"罱河泥"〔用两根大小不一的竹竿,控制"罱箩头"(一种镂空的可开闭口的竹制品)在河底罱泥,通常由两个男全劳力一起干活〕,"撩羊头草"(一边摇船,一边撩河面上零散的羊头草,通常由两个女全劳力一起干活),粜谷和大麦、油菜籽以及卖猪、菜,买生产资料、饲料等,还作为代步工具,乘它去往需要去的地方。

连接村外的一座座小木桥或石桥,桥上大都没有装栏杆,还破旧不堪,甚至摇摇欲坠,但它们是通往学校和外面世界的必经之路。孩子们小时候读书,没有家长接送,割草、外出也经常走这样的桥,家长也不会担心孩子的安全问题。

到镇上的中学读书,每天需要步行来回6—7公里。中午的饭菜也要自己带上,在学校食堂里热一下应付了事。遇到下雨天,在泥泞的烂泥路上,常常是左一滑右一滑艰难地行走。那时,在沪杭铁路七星段范围还没有隧道,学生和村民们为了赶时间,在车站上停有交会车辆,过往铁路时经常在火车车厢下面钻来钻去,非常危险。

三、信息交往

那时没有任何通信工具,大家了解外面的资讯极其有限,但大人们都知道这个埭、那个浜的东家长、西家短,对四邻五乡的情况了如指掌。那时,没有休闲娱乐场所,但公社、大队等小集镇上有茶馆,那里是乡村的信息交流中心,而且生意兴隆,茶馆文化在这里生根发芽。茶馆内没有什么装修,只提供板桌、长凳和茶水,喝茶的大都是附近的中老年男子,他们有的专门来喝早茶,有的在赶集后再来喝茶。泡一壶茶,茶馆收取0.08元钱,自己带茶叶,茶馆收取0.04元钱。农村茶馆文化,反映了当时农民的独特生活方式和社交习惯。

图1-2 茶馆最流行的宜兴紫砂壶

1949年,中国的文盲率高达80%,农民适应现代化的能力非常薄弱,因此国家对国民的扫盲十分重视。从1950年到1969年,新中国发起了四次大规模的扫盲运动。1956年3月,中共中央、国务院颁布《关于扫除文盲的决定》。1962年,农村扫盲运动进入高潮,扫盲对象主要是20世纪四五十年代出生的青壮年,尤其是女性。1964年我国第二次人口普查结果显示,15岁以上人口的文盲率,已经下降到了52%。

那时的越剧、评弹、快板等传统剧目,是城里人享受的文化生活，乡村农民除了参加庙会和烧香拜佛之外，很少有人去城里，因此，农民也没有其他文娱活动，文化生活极其枯燥。

1965年左右，农村开始每家每户配置安装有线广播，后来在田间也安装了高音喇叭。一个高音喇叭，几百米外都能听得很清楚。当时农民很少有人戴手表，农民听广播节目的播报内容就能知道时间了。

20世纪70年代初，农村开始有了露天电影，其成为传播文化和教育群众最现代的宣传媒介。露天电影主要放映革命样板戏、现代京剧，如《红灯记》《智取威虎山》等，我们这一代对老电影的情节内容和经典台词都记忆深刻。那时，放映电影前经常先加映新闻片，称为"加映片"。露天电影也是农村老百姓，尤其是年轻人最时尚的精神文化生活和了解外面信息的重要来源。记得那时也是知识青年上山下乡刚刚开始之时，露天电影和知识青年，给当时的农村带来了"时尚风"。

20世纪70年代后期，条件较好的农村家庭（大多是时髦的年轻人）也有了半导体收音机，老百姓开始有机会了解时事资讯。

我们年少时，没有什么娱乐活动，业余生活非常枯燥，小朋友在一起经常说一些地方民谣：

1. "稀奇、稀奇、真稀奇"的民谣。共有十句：

一稀奇，"格蜢"（草蜢）拖只大雄鸡，你说稀奇不稀奇？

二稀奇，"百脚"（蜈蚣）拖着老母鸡，你说稀奇不稀奇？

三稀奇，三姑娘做点"怪子头戏"（傻头傻脑的怪招），你说稀奇不稀奇？

四稀奇，"师姑"（尼姑）庵里讨女婿，你说稀奇不稀奇？

五稀奇，五只黄牛钻在狗洞里，你说稀奇不稀奇？

六稀奇，六只粮船撑在蟹洞里，你说稀奇不稀奇？

七稀奇，七只蚂蚱住在鸟笼里，你说稀奇不稀奇？

八稀奇，八十岁的太太"困"（睡）在摇篮里，你说稀奇不稀奇？

九稀奇，九十岁的公公"撒屎"（小便）撒在夜壶里，你说稀奇不稀奇？

十稀奇，无底的石臼氽在塘河里，你说稀奇不稀奇？

2. 逢十的民谣。共有十句：

正月正，转马灯；

二月二，瓜、蒲、"落苏"（茄子）"才"（全）落地；

三月三，野菜开花结牡丹；

四月四，糖拌荔枝"句得死"（贵得很）；

五月五，买个黄鱼过端午；

六月六，买把蒲扇"噗噗噗"（打扇的声音）；

七月七，买个西瓜"格格吃"（一起吃）；

八月八，八个姑娘"拜月华"（看月亮）；

九月九，九个姑娘"打天九"（一种娱乐方式）；

十月十，十个姑娘才"奔嫁"（出嫁）。

3. 高丰村附近十个地名的民谣：

一粒珠（东栅的凤凰洲，又叫龙角廊）；

二旺桥（平湖塘南岸，东栅）；

三角子（嘉善塘观音港口）；

泗泾泾（七星渔村）；

五湾荡（七星陈桥村）；

甪里街；

七里店（东栅）；

八里桥（大桥，十八里桥）；

九里湾（嘉善塘的一个湾）；

十字洋（七星陈桥村吴家洋与北面洋的统称）。

以上民谣、谚语，虽然笑点不足，但都是那时孩子之间流传甚广的一种自娱自乐方式，很有地方特色，也是一种特有的乡村文化。

四、褕身布襴

那时农村没有胖墩，没有秃顶，没有近视眼，也没有人患富贵病。由于缺乏营养、生活俭朴又从事体力劳动，大多数农民的形象是面黄肌瘦、土里土气，也有点邋里邋遢。以前家乡人的形象：妇女，窝髻方巾，大襟衣裳褕身围腰，直筒裤子搭襻鞋子；男子，平头发型，对襟衣裳团腰裤子，布条腰带圆头鞋子。

图 1-3 20 世纪 70 年代的着装

图 1-4　1980 年前后孩子们的着装

在浙北、苏南、上海一带的农村，冬季流行一种蓝布"褕身"（相当于围襕）、"布襕"（相当于围裙，也叫"大腰布襕"），成年男女都喜欢穿，尤其以老年人居多，男女款式略有不同，直到 20 世纪 80 年代初，还有很多人在使用。褕身、布襕的主要用途是防风、保暖，特点是耐磨、耐脏，记录了江南人民一贯吃苦耐劳的秉性。与之配套的"大襟衣裳"（女性衣服，单领，搭扣在斜下侧面）、"对襟衣裳"（男性衣服，单领，搭扣在前中间）、"团腰裤"（腰围很大的直筒裤），以及"葡萄纽"（用布做成的简单扣子）、"蝴蝶纽"［用布做成的花纹（类似蝴蝶）扣子］的制作技艺，都是江南水乡灵丽秀致风情的体现，蕴含着劳动人民的聪明与智慧。

图 1-5　20 世纪 80 年代初还在穿的布裥

那时大家的发型也基本一致,男子年轻一点为西装头(三七分),年长一点为板刷头(平头),小男孩为阿福头(桃心形或留一撮头发)。女子年轻一点为长辫子(两根辫子),时髦一点为短头发(柯湘头),年长一点打发髻加髻网,小女孩为毽子头(两根小辫子)。

乡下人的衣服、发型、名字等与城里人明显不同,走到城里一眼就能辨认出来。由于城乡之间穿着打扮悬殊,乡下人"土"的模样和习惯,常常被城里年轻人取笑、逗乐,他们用"寿官""寿宝""爱根""爱宝"(乡下人的名字里带有"寿、福、官、根、宝、英、珍"等字)的称呼来逗趣。

五、人民公社

鲁迅说,我们从古以来,就有埋头苦干的人,有拼命硬干的人,有为民请命的人,有舍身求法的人……这就是中国的脊梁。在我看来,中国的农民就是这样埋头苦干的人,是鲁迅先生所说的"中国的脊梁"。他们默默耕耘、任劳任怨,是中国人粮食安全的守护者,也是中国经济发展的奉献者,他们的每一滴汗水都值得尊重和赞美。

从历史上看,中国是一个农业大国,农民占人口的绝大多数。在整个经济社会的发展中,农业农村始终是发展的基础,没有农业农村的发展,其他产业都会失去发展的支撑。

从1958年开始,中国农村实行人民公社,人民公社下设大队,大队下设生产队的三级组织,生产队是最基层的经济组织,也是中国农村历史上唯一的集体生产模式。那时,每个生产队有30—40户人家,人口在150人左右,田地200亩(1亩=666.67平方米)左右。

生产队长是生产队的最高行政领导,队管委组成成员还有政治队长(副队长)、妇女队长、植保员、会计、经济保管员(出纳)、仓库保管员,统称为"三长四员"。生产队长和队管委组成成员都需要通过群众票选,他们与普通农民一样,每天参加集体生产劳动,而且需要以身作则、带头苦干。

孩子们到了13虚岁,就可以参加生产队的劳动。放学回家,可以参加"一转烟"(1/4天)劳动,为家里挣工分。孩子们刚参加劳动时,只能做一些轻便的农活,他们也不习惯跟随大人们一起干活,最好能"包工"干活,因为"包工"干完活后,可以有自由的玩耍时间,特别是在农忙期间包工种田、种油菜。孩子们会主动"请缨",生产队长也会"支持"孩子们的想法和要求。

生产队还配有 1—2 名具有一定文化基础的记工员,每天收工前记录每个社员的劳动情况和工分,每个社员还有一本《劳动手册》。1970 年后,又增加了一名一定年龄的放水员兼"机埠"(农田抽水机站)管理员,专门负责本生产队的农田水利灌溉。

每个生产队有 3—5 间通间仓库,每间面积约 35 平方米。在仓库边,还有 2—3 间面积约 20 平方米的储藏用房。仓库主要是存放粮食谷物、做蚕室和开社员大会等之用,储藏用房主要存放公共农具和农药化肥等,它们都是生产队的主要固定资产。仓库前面还有一块晒谷场,主要用于农忙时脱粒谷物、晒谷等,平时也是孩子们集中玩耍的地方。

每个生产队的畜牧场,由 5—10 间简易房组成,是集体经济收入的来源之一。畜牧场主要是养猪,一般与牛棚放在一起,并由专人负责对牲口的饲养和管理。

那时猪饲料都是天然的,主要有"清糠"[稻谷"轧米"(碾米)时的"谷壳"(砻糠)和碎米轧制的粉]、"柴糠"(用稻柴轧制的粉)和青草、"羊头草"(空心莲子草)、"猪吃草"(水浮莲)和"水葫芦"(凤眼莲)。清糠属于精饲料,柴糠属于辅助饲料,二者常按 1∶1、2∶1 或 1∶2 的比例搭配喂养。青草、羊头草、猪吃草和水葫芦则属于补充饲料和田间肥料。饲料的质量实际上也决定了生猪成长的时间和质量。在畜牧场附近,还有一台打浆机,专门用于加工羊头草、猪吃草和水葫芦,作为畜牧场猪的补充饲

上篇　桑梓情怀 | 019

料。农户也可以带着自己的羊头草、猪吃草和水葫芦来这里加工。

1959—1961年，遭遇三年困难时期，出现全国性的粮食和副食品短缺危机，这也是新中国成立后经济发展和群众生活最为困难的时期。

20世纪60年代初期，国家经历了种种考验，鼓励家庭生育多个子女，城乡人口出生率迅速攀升，1963年达到峰值，出生人口接近3000万，一个生产队有5个左右的同龄人非常普遍。

1961年6月，全国农村的公共食堂按照农民的意愿相继解散。此后，农村开始实行"口粮指标"（规定每个农民一年的粮食指标）。成年男女的年口粮为325公斤，超过55岁为250公斤，20岁以下根据年龄分档再递减。其余部分必须"交公粮"（农业税），还要"卖余粮"（也称为爱国粮），生产队除了留种谷，不允许留余粮。当时，政府为了鼓励农民多积肥增加粮食产量，农民的猪羊灰上交生产队，每50公斤最多可以奖励粮食指标1.5公斤，生产队还奖励社员10工分。按劳分配（奖励）的粮食政策，要根据生产队的年终粮食收成情况，按照国家、集体、社员三者之间的关系浮动，按劳分配（奖励）的粮食总数不能超过口粮指标的15%。这项规定，直到20世纪80年代初农村实行包产到户改成仅交公粮后，才被取消。

那时农村没有化肥、农药，没有环境污染，没有假冒伪劣，没有浪费，也舍不得浪费。农村物尽其用、自然循环，没有什么垃圾可言。因为一切垃圾被都用作肥料，连城里人的粪便，也是乡下人的"香饽饽"。那时，本地和上海大粪都是分配的，本地大粪0.2元/担、上海大粪0.3元/担。

20世纪70年代初中期，为了提高粮食产量，生产队经常派社员手摇船去上海青浦、朱泾的化工厂买废氨水来充当肥料，此后不久，农村开始有化肥和农药。最早使用的农药是"六六粉"（六氯环己烷），这是一种剧毒农药，现在已禁止使用。当时对六六粉的使用采取了一定的防护措施，如每家每户要求存放饮用河水一周，除虫作业时要求戴口罩、穿高帮胶鞋等。

那时大队没有经济收入来源，上级也没有给大队划拨经费。大队干部以及为大队服务的有关工作人员及其经费支出，用大队开具的"误工证"作为工分，年终分摊到每个生产队。大队干部以及为大队工作的有关工作人员，年终到生产队用"误工证"换取工分，参加生产队的分红。那时，各级干部下乡帮助、指导工作，与农民同吃、同住、同劳动（吃住在社员家里，与社员一起参加劳动）。在农家吃饭，都自己主动支付粮票和伙食费，吃一餐支付2.5两粮票和0.1—0.15元人民币（视菜的标准情况定，或按每天0.25—0.3元计算），并且当日主动结清。住在社员家里时，自己带被子、床单和生活用品。

1970年前后，家乡开始兴起历史上最大规模的兴修水利和农田改造活动，此项活动被称为"园田化"。那时，开河、修渠、"造田"（把土墩变为农田）到处可见。这些改造工程，全部由人力完成，改造活动大都安排在农闲（主要是年底）时施工。其中，1974年进入地下"灰砂渠道"（把渠道放在田的下面）的建设高潮，灰砂渠道的主要功能除了保持渠道原有的排水功能外，主要是节省土地，因为在灰砂渠道上面可以种庄稼。

当时，还流行在田里打"深沟洞"（在地下约40厘米处打

图 1-6　1980 年前后在嘉兴化肥厂买化肥的船只

洞），代替塍头之间的排水沟，约3爿田用"深沟抄"（当时的一种特定开沟农具）开一条横向"深沟"（宽度约15厘米、深度约50厘米）。深沟洞和深沟主要是为了增加耕种面积，从而增加粮食产量，农民可谓费尽了脑筋。这些经验做法都是从苏南地区学来的。

园田化改造后的一爿标准农田，宽度约11米（12垄田），长度约120米。一般这样两爿标准农田之间的一端，至少设置一个"河泥潭"（田间存放土肥的潭），用于储备种田时农田所需的肥料。河泥潭里的肥料，通过自然发酵，用竹竿插进去，点上火，沼气会熊熊燃烧。

在嘉兴，有一条河堪称"神话"，它的诞生，那时动员了来自嘉兴、平湖、海宁、海盐、嘉善、桐乡、德清7个县的30万青壮年劳动大军，他们在1978年年底，在41.29公里的开河工地上，开挖土方1160万立方米，只用了43天的时间，这条河的名

图1-7 开挖长山河盛况

字叫长山河。

农民到镇上或城里"粜谷"（卖粮）、购物时，需要带上一点米，才能在饮食店代替粮票吃饭、吃面和买包子、馒头。到豆制品店，也要带上一点黄豆，才能代替豆制品票，换上豆腐、豆腐干、油豆腐等豆制品。农村的民用电费也比城里贵近一倍。因此，城乡差异大导致农村人拼命往城里挤。

那时商品紧缺，主要物品都凭票供应，城里人有粮票、煤球票、豆制品票、油票、香烟票等，即使是凭票供应的商品，农村的票证也比城里贵，比城里人供应的商品档次低。如1公斤菜油，农村凭票1.66元，城里凭票1.54元。城里可供应"大前门""牡丹"等高档香烟，农村最多供应"西湖""利群"等（客观上农民也抽不起高档香烟）。当时农民抽的香烟品牌主要有："经济"（每包0.08元）、"雄狮"（每包0.18元）、"新安江"（每包0.24元），"利群"和"飞马"（每包0.29元）很少看到。

千百年来，在没有电力（抽水泵、轧稻机）、拖拉机出现前，中国农民一直是面朝黄土背朝天地耕作，唯一能借力的是耕牛等牲口，劳动工具相当原始，植物品种的改良也相当缓慢。他们凭自己的身躯体力，来换取不饿肚子。中国农民善良、能吃苦、勤奋、节约，最本分也最纯朴。就像那时歌中唱的：能挑千斤担，不挑九百九，迎着困难上，顶着风雨走……

20世纪20—60年代出生的农村人，经历了新中国成立后的社会主义改造阶段，当时各种新的社会矛盾和问题开始出现，成为新中国发展史上一段特殊的时期。他们的童年、少年、青年、中年时期的生活十分艰苦。在三年困难时期，农民自己吃不饱肚子，也要积极响应国家号召，交公粮、卖余粮。农民的这种奉献、忘我和牺牲精神，今天想来仍然气壮山河、感天动地。

毛泽东主席早在中共七大上脱稿作充满激情的口头报告："不要把'农民'这两个字忘记了；这两个字忘记了，就是读一百万册马克思主义的书也是没有用处的，因为你没有力量。靠几个小资产阶级、自由资产阶级分子，虽然也可以抵一下，但是没有农民，谁来给饭吃呢？饭没得吃，兵也没有，就抵不过两三天。"（《毛泽东文集》第三卷，人民出版社1996年版，第305页）农民是中国工人的前身，农民是中国工业市场的主体，农民是中国军队的来源，农民是中国民主政治的主要力量。

在中国的发展历史上，农民的大无畏故事还有许多许多，我为自己是一个农民的儿子而感到自豪，对农村、农民的感情早已深入骨髓。

六、包产到户

1976年10月，粉碎"四人帮"。

1978年12月，党的十一届三中全会召开，成为中国历史上发展的一个重要时刻，此次会议的中心议题是摒弃以阶级斗争为纲的路线，把工作重点转移到社会主义现代化建设上来，这是新中国成立以来具有深远意义的伟大转折。

中国改革开放的大幕正式拉开。全国政治、经济和社会的变革加速推进，国际贸易和投资活动日益活跃，同时，促进了不同文化之间的碰撞、交流和融合。这是一座从农耕时代进入现代工业文明时代的重要里程碑。

1982年年底到1984年年底，嘉兴农村先后实行包产到户制度。农村最基层的单位，从生产队变为家庭农户。与生产队时期相比，农民的生产自主权大大增强，农耕工序也有所简化，工作效率和粮食产量大大提高，农村的生产、生活条件改善明显。在人民公社这25年左右的特殊时期里，中国农村、农业和农民发生了很多令人难忘的故事。包产到户后农民的空闲时间增多，为后来乡镇企业的发展提供了大量的劳动力。

中国的改革始于农村，从以前的个体到集体的人民公社，又从人民公社回到以前的个体。当时的一些年长者习惯了集体劳动和生活，他们认为国家在开"历史倒车"，于是，各种言论众说纷纭，但实行包产到户承包制一年后，大家都适应了，也认为农村实行承包制好。实践证明，这是我们国家作出改革开放正确决策的重要一步，也提振了全国人民的信心和凝聚力。

1984年，是改革开放的初期，但农民的观念发生了质的变化。国家粮食政策"保证国家的、留足集体的、剩下的都是自己的"口号，从此时开始正式确立。农村改革成功后，乡镇企业异军突起。城市国企中以海盐衬衫总厂步鑫生厂长为代表，解放思想，大胆改革。在分配上打破"大锅饭"，在企业里推行了一套独特的经营管理办法，"承包""奖金""加班"成为当时最响亮的名词。

1984年，是新中国成立35周年，邓小平在北京长安街上的阅兵，成为振奋和鼓舞全国人民意志的一座重要里程碑，真正的"改革开放"也从那一年开始叫响。从1984年开始，经济开始快速发展，人们的收入增加明显，同时物价开始明显上涨。从1985年到1995年期间，农村第一批楼房开始建造。

1990年前后，经济发展步伐加快，物流（运输站、运输队）也开始迅速发展。"杭嘉湖"地区已不再是国家的重点产粮核心区，"麦—稻—稻或油—稻—稻"（即一季大麦二季水稻或一季油菜二季水稻）的模式逐步改为"麦—稻或油—稻"模式（即一季大麦一季水稻或一季油菜一季水稻），农作物每年由三季变为两季，"双抢"（即抢收抢种）就自然没有了。由此，嘉兴开始由农业市转变为以工业为主和重要的出口地区。

1990年后，"蓝色户口"（农村人花钱买城镇户口）成为农村新宠，很多先富起来的农民开始在城里购房。从1990年开始，农村开始大量建造三层楼房。

1992年，邓小平南方谈话的发表，加快了中国改革开放的进程，城里取消粮票。

1993年，浙江省率先取消粮食统购统销（粮食任务），农民的经营自主权得到了充分发挥。

1996—2000年，大量种粮大户出现。

2001年，中国加入世界贸易组织，中国经济插上了腾飞的翅膀。

2006年，农业税正式取消（当时农业税为22—26元/亩）。

七、梦中老家

对于离开家乡在外工作生活多年的人而言,曾经的一切都值得留恋和回味。思恋没有理由,就是那么自然。当你站在家乡的土地上,你会觉得这里的一切最熟悉、最自在,也最亲切,这里发生的一切最接地气。家乡虽然没有宽阔的大河和高高的山岗,但拥有一望无际的田野和四通八达的河流,成为我们心中最美丽和宁静的村庄。回到了家乡,心灵才算真正回到了家。那些年、那些事、那份情,终生难忘,这就是我与家乡无法替代的缘分和对家乡最纯真的爱。

图1-8　2010年前家乡的村庄

家乡的民居,白墙黛瓦、坐北朝南、沿河而建。"灶头间"(厨房)房梁下挂着的篮子里的土味和饭锅里蒸架上的饭菜阵阵飘香,

图1-9 提桶

房间屋顶天窗照射下的缕缕阳光,屋檐下竹竿上晾着的补丁衣裳,还有各家门前南廊下用砖铺砌的晒谷场,宅子附近自家的猪圈、草堆、自留地以及每家配套的"坑缸"(存放粪便的大缸,俗称"茅坑")、"毛灰棚"(存放土灶稻草灰的地方)等,这些都是家乡淳朴生活中一帧帧不能忘却的画卷,给我留下了深刻的印象。

那时蔬菜都是自家种的,牲口也是自己养的,蓝天白云下一望无际的田野,灿烂阳光下四季飘来的清香,还有雨后天空中高高挂起的彩虹,经常与我们亲密接触、友好相伴。

清澈的河道中鱼跃虾肥,河鲜都是野生的。一个公社有一个渔业大队,他们以捕鱼为生。夏天,在自家踏垌上淘米洗菜洗碗时,鲹鲦鱼会围着你抢食洗碗洗菜时漂洿在河里的剩渣残羹,水面上发出哗啦哗啦的声音,这种场景伴随着整个淘米洗菜的过程,展现了人与自然的和谐相处。那时,家里喝的水是河里未经任何加工的天然水。早上,母亲做饭,父亲就用提桶到河边提水,倒进灶边的水缸里。长满河面的羊头草,是积肥的主要原料和猪羊的饲料。河面上不时来往的船只中,经常会听到村民们彼此打招呼的乡音。这种人与自然的完美邂逅,纯真、和谐、契合,是滋润我们成长的基因和营养,也是我们这一代人初心的根源。

每当去家乡做客、办事，我总喜欢绕道从老家门前的小道上缓慢驶过。哪怕是打开车窗稍作停顿，眺望一下家乡的村庄和田野，也是一件很满足、很享受的事。有空时我总是喜欢到家乡的土地上去转转，"担心"家乡会不会把如今生活在城里的我"遗忘"了。七星，是我亲爱的家乡、生我养我的地方，我的人生轨迹从未离开过那里。与许许多多家乡人一样，我热爱七星，熟悉七星，关注七星，同样，我也心甘情愿、力所能及地想为七星做点事。

现在，过年的气氛逐渐变淡，但不管怎样，家乡还有我的至亲、邻居和玩伴。虽然在城里过年的方式和家乡有所不同，但家乡以前过年的氛围，早已深深烙在我的心中。因此，我们就算在城里过年，也还保持着乡村的习俗。

每年大年三十，在城里吃过年夜饭后，我就要驱车带着妻儿前往老家。打开老宅大门，然后燃放烟花，怒放的烟花和响亮的"高升"（鞭炮）告诉老家：你的主人来看你了。

除夕去老家时，我们还会带上一些礼物给儿时的伙伴，然后在他们家中玩"红十"。同伴们也会期待我的到来，到了同伴家里，他们会热情地沏茶迎候，我们则一边玩牌，一边热聊，共同寻找着过去的美好时光。

大年初一，我们还会再到老家，去亲戚家拜年或访友。晚上，回到城里的家，汽车后备箱中装满了亲戚和邻里们送的鸡鸭、蔬菜和大米等年货，让我们满载而归。

在拆迁之前，尽管父母与我们已移居城里生活多年，但老家

图1-10　方家港的田野

的老宅依旧保持着我们原来生活过的样子，也习惯眼前熟悉的一切。每次回到老家，我总喜欢打开门窗，感受一下老宅熟悉的气息。一切的一切，是多么的自然和亲切。这是我们用过的碗筷，这是儿子小时候穿过的鞋，这是爸爸经常坐的椅子……平时只要有空，我就会回到老家看看，打扫早已积满灰尘的老宅，回忆着过去的点点滴滴，也梦想着在退休后回到老家生活。

2011年下半年，老宅即将拆除，但厨房土灶上的每一幅灶画，屋檐的瓦当、瓦滴，踏垌上的每一块条石，屋后的那棵大树和老家的一切都会永远留在记忆中。怀着对老家特别的眷恋，我们只好惋惜地用相机把每一个角落照了个遍，然后，把老家仅有的几件像样的家具带到城里，作为我们对老家永久的纪念。

图1-11　老宅的瓦当

图1-12　建于20世纪40年代的老宅（局部）

八、继往开来

弹指一挥间，2025年是我离开家乡到城里工作和生活的第32个年头。30多年说短也短，说长也长，但我对家乡记忆如初、牵挂永恒。

老宅拆除已有14年，现在，老家早已变成一片平地，过去的模样已不复存在，也不知以后会变成什么样子。来到老家的原址，我有时会呆呆地站着，过去的一幕幕在眼前不断浮现。

如今的家乡早已焕然一新，实现了城乡统筹一体化，网络、公路、学校、超市、宾馆、轻轨等基础设施一应俱全，现代化工厂比比皆是。传统农业已被现代化替代。村民已变成了居民，享有养老金和医保等国家福利政策，楼房、汽车、手机等以前想都不敢想的现代化设施和日用品，早已进入寻常百姓家，家乡人的生产生活方式已彻底改变，生活质量年年改善，幸福指数越来越高。

七星，1996年启动东进村国家现代农业园区建设工作；1997年11月，境内以湘家荡湖区715公顷区域成功申报浙江省级湘家荡旅游度假区，启动旅游度假区建设；1998年10月6日，时任中共中央总书记的江泽民同志来到七星乡东进村视察农村农业工作；2001年，七星撤乡建镇；2005年，启动湘家荡湖区旅游度假区湖区农户拆迁工作；2008年，七星镇被列为嘉兴市统筹城乡试点镇，全面开展"两分两换"（宅基地与承包地分开、搬迁与土地流转分开，承包田换保障、宅基地换住房）等农村改革工作，并设立湘家荡区域联合开发建设管理委员会，属嘉兴市委市政府派出机构；2013年，湘家荡区域进行"区镇合一"重大调整，改设湘家荡区域开发建设管理委员会，由南湖区管辖；2015年，七星撤镇建街道；2016年，南湖区区划调整，东栅街道平湖塘以北区域全部划归七星街道，七星街道区域面积增加到42.25平方公里；2016年，湘家荡环湖景区成功申报国家4A级旅游景区；2018年，湘家荡区域提出了"大花园、大通道、大平台"建设口号；2020年，南湖实验室、南湖研究院先后入驻湘家荡湖区，简称"新两院"，开启了科创湖区建设的高潮。截至2023年，七星街道下辖6大社区，常住人口6.8万。

家乡，有我的童年、少年和青年，有我近28年的成长印记和农耕生活。我们有幸见证家乡从贫穷到富裕，从传统到现代的变迁。家乡，没有选择，缘分注定、与生俱来。芬芳的泥土、熟悉的乡邻乡亲以及经历的一切，都已印记心中。

现在，每年的年末，我都会组织村里的玩伴一起聚餐。每年的正月十三，也会参加家乡庙会的"扛聚"（就是每家每户出钱出力，然后费用按AA制平分）。扛聚一般由家里主人参加，那时家乡一年举行两次，时间为正月十三和"双抢"后，现在"双抢"后的扛聚已经取消，仅剩每年正月十三晚上了。现在除了走亲访友，每年与村里同伴一起聚餐和正月十三晚上庙会与村民一起扛聚，成了我维系乡邻乡亲关系最重要的活动，其次就是参加村里的婚丧等活动。

出生于20世纪60年代的人小时候虽然贫穷，但无忧无虑，同时培养了勤俭节约、吃苦耐劳的品质；兄弟姐妹多，则让我们学会了合作、包容和谦让；父母养育子女、操劳一生，让我们学会了感恩，懂得孝顺，懂得传统礼仪、传统文化的重要。最重要的是，我们赶上了改革开放的好时代，享受到了时代的红利。

图1-13 高丰村水塔

[水箱（钢筋混凝土）容量50吨，砖支筒支承结构，高25米，位于庄博路（226乡道）三里港桥南桥堍西侧。笔者于1984年年底设计，1986年年初开始投入使用，是当时嘉兴市郊区第一个农村自来水厂，现已成为进入高丰村地域的标志]

图 1-14 湘家荡稻田艺术节活动掠影

图 1-15 精严讲寺
[始建于东晋成帝咸康六年（340），2002年迁至七星镇兴星路1号]

图 1-16　湘家荡鸟瞰图

我们这一代人在《东方红》的旋律中出生，在《我是公社小社员》的旋律中长大，在《年轻的朋友来相会》的鼓舞下成长，在《男儿当自强》的激励下自强不息，在《隐形的翅膀》中努力坚强，在《最炫民族风》的律动中走向成熟，还要在《天天向上》的节奏中继续活力四射……

中国的"60后"是人类历史上经历发展变化跨度最大的一代。我们现在喜欢回忆、喜欢"帮助和教育"，表明我们已有了新的责任，做好传帮带，我们责无旁贷。20世纪的"90后"、21世纪的"00后"，开始或即将成为社会的主角，看到他们满怀激情和努力奋斗的样子，仿佛看到了当年的我们。

星光不问赶路人，时光不负有心人。新的时代，国家开启了全面深化改革、系统整体设计推进改革的新征程，开创了中国特色社会主义的新纪元。

我们坚信,家乡一定会越来越美,国家一定会越来越强。感恩国家和这个时代给予我们这一代的馈赠,我们感到非常幸福和自豪。

中篇 四季乡愁

春夏秋冬,不同的季节,家乡会有不同的物事与风貌,它们各具特色又浑然一体,组成一座鲜活又流动的「乡村风物馆」。每一个季节的投影都是那么清晰隽永,令人回味。

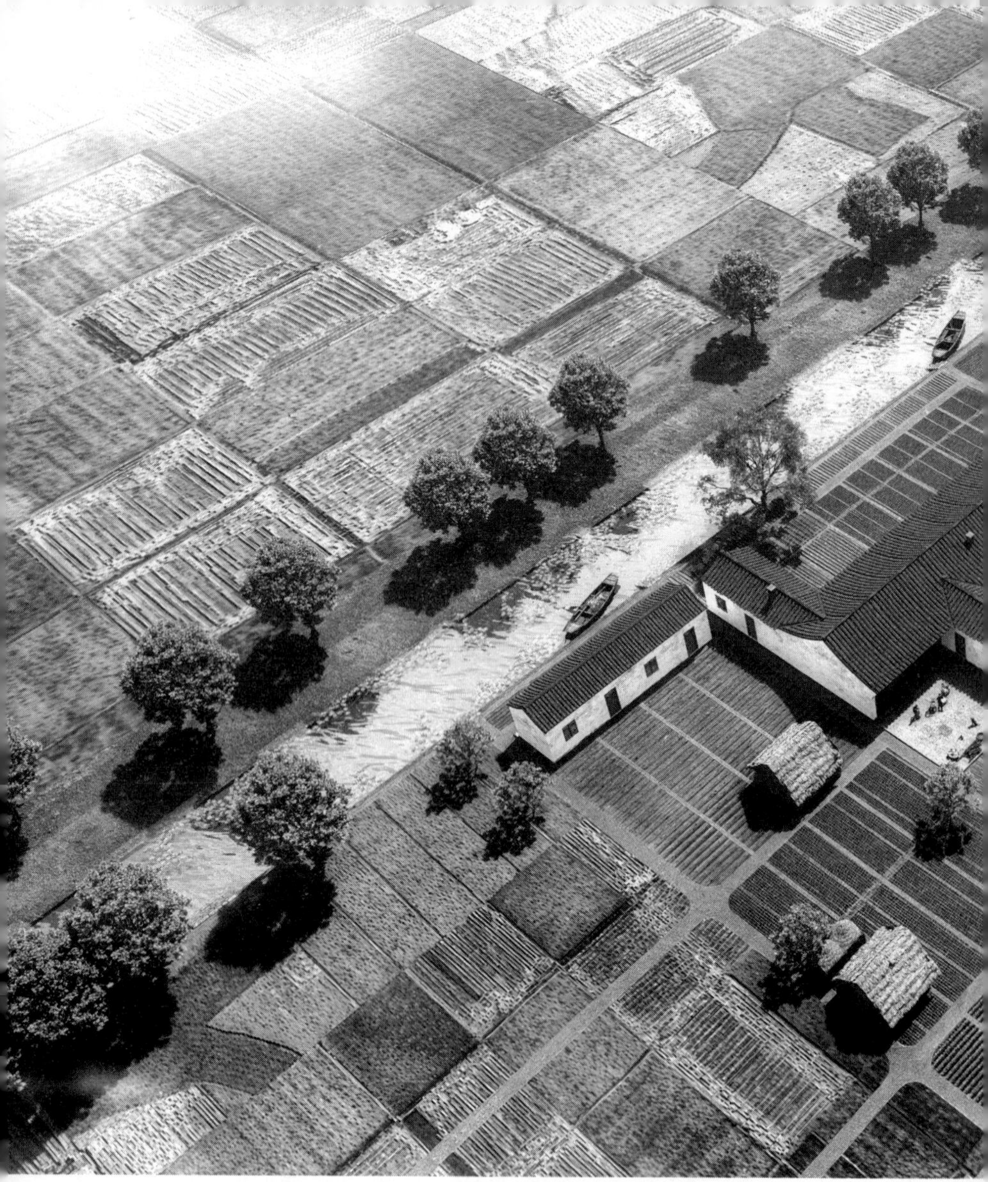

老宅的记忆

老宅位于方家港港南西面,西侧为方家场,东侧与张家场紧邻。方家港东西走向,总长度约1.2公里,西至厍头港,东至吴家洋(南面为陈家桥),中间经包家洋往南为塘家浜。方姓人家在方家港港南老宅的最西边(方家场),也是方家港唯一的姓氏,目前尚未见到有关方家港名称来历的记载。

一、春季

春节,是一年之中最热闹的时节,也是孩子们最开心的日子,年末,堂屋里飘来米酒缸散发的阵阵酒香,告诉我们春节的脚步越来越近了。春节,是团圆和交流的温暖时光,交流是爱的最好传递方式。过大年,在团圆中传递爱;走亲戚,在交流中传递爱。春节、元宵节、清明节,是春季的重要节日,让大家欢度喜庆、懂得感恩。庙会、烧香拜佛,让你不忘初心、端正三观、明辨是非,儒家文化深深影响了中国老百姓的日常生活。

图 2-1　酒坛

春季的开始在立春,结束在立夏前。二十四节气是我国上古农耕文明的产物,四季划分以"四立"作为起始。春季,春暖花开,植物开始发芽生长、移栽和播种,冬眠的动物开始苏醒,鸟类开始迁徙,大地一片生机盎然。春分、秋分,昼夜平分。夏至是一年中白天最长的日子,也就是说从冬至到春分再到夏至,白天越来越长,从夏至到秋分再到冬至,白天越来越短。农民会按照这样的规律,安排一年的农耕和日常生活。

(一)过大年

家乡有一句"过了腊八节,就是新年"的谚语,腊八节一过,新年就越来越近。

腊八节，相传佛祖释迦牟尼佛在修道时，因修行饥饿而昏厥，被一位牧羊女用粮、豆、干果熬粥救活，最终在农历腊月初八得道成佛。为了纪念这一事件，佛教徒在这一天煮粥供佛和施众，并逐渐成为民间的节日。腊八节的主要习俗是喝腊八粥，象征着丰收和对来年的美好祝愿。

腊月廿三，称为小年夜，意味着已经进入过年的节奏，这一天人们要进行祭灶神、"掸檐尘"（打扫房屋卫生）、理发等活动，是老百姓对"开启新生活"和追求"衣食无忧"梦想的反映。

祭灶神，是感恩灶神给人们吃饭带来的"恩德"。虽然由来已久、流传甚广，但家乡祭灶神的仪式比较简单，腊月廿三在灶芯台上点上两根蜡烛或三炷香，放上两碗米饭或糕点，主人用心拜谒，然后在灶身上贴上一张喜庆的红纸，欢送灶神上天向"玉皇大帝"汇报。

掸檐尘，就是农家年终的大扫除，也是一件非常有实用意义的事。那时，乡下都用稻草作为土灶的主要燃料，每天早上，家里长辈起床后的第一件家务，就是到土灶里"退毛灰"[把灶膛里隔夜的稻草灰用"毛灰耙"（一种木制耙毛灰的专用工具）耙到簸箕里]，然后，上面还要盖上一只簸箕，轻轻移步至毛灰棚倒

图 2-2　菜柜

入。还有在农忙作物收成时,晒谷场上劳作带来的灰尘也很多,因此,一年下来农家屋内的积灰可想而知。

掸檐尘前,主人要戴上帽子、围好围巾、穿上旧衣服,全副武装,还要把锅盖、汤罐和室内的有关物件遮盖好。然后,用一根长竹竿做掸把,稻柴做掸刷,开始在屋内从上到下掸檐尘,檐尘主要集中在屋檐下、墙角里。掸檐尘也象征着除旧迎新,干干净净迎接农历新年的到来。

腊月廿五左右,杀年猪开始了,大队里的肉店是最忙碌的地方。此时,肉店会叫来临时帮工。

一头头肉猪按照农户与肉店的预约,从各个生产队运到肉店,然后把肉猪抬上屠宰架。肉猪的一声声哀嚎声,并未改变它的结局。帮忙的人按住猪的下半身,屠夫则左手按住猪下巴,右手用杀猪刀一捅,然后在准备好的盆中加盐接血,等猪血流尽再在猪血中加水,用刀柄淘几下。等猪完全断气后,就把毛猪放入滚烫的开水锅(大锅子)中煺毛,接着开肚、割头、称重,整理猪肠等五脏六腑。这个过程虽然有点血腥,但屠夫的杀猪手法十分熟练,一连串动作迅速麻利。

条件好的生产队也会在年底时,宰杀2—3头畜牧场养的猪,作为每户社员的福利,再按照人头或工分,分给每户社员。

腊月廿七、廿八,每家每户开始做糖糕、"粑粑"(团子)和松糕,这是农村每家必备的年货。制作糖糕有专门的印版,印版有桃形、圆形等,并刻有精美的花纹,把揉好的米粉放进印版内敲出,放在用"粽箬"(粽叶)垫好的蒸架内。粑粑的制作要更复杂一些,先要淘米磨粉、加水揉粉,然后调制馅料,馅料有豆沙、菜或猪肉、最后一步是捏粑粑的皮壳，皮壳太厚，馅放不了多少，皮壳太薄，馅就会露出了，这些都是技术活，任一步骤做不到位，做好的粑粑口感都不好，把做好的粑粑也放在用粽箬垫好的蒸架内。松糕的制作，就是把揉好的米粉加糖，放进事先垫好纸的蒸架内，然后用木档为尺画线，制作松糕看似工序简单，实际上很难把控。

图 2-3　做糖糕

图 2-4　粑粑　　　　图 2-5　松糕

孩子们围着灶台不亦乐乎，看着母亲把热腾腾的糖糕、粑粑和松糕从锅里端出来，然后用扇子扇几下，保持表面有光泽，再用食用胭脂点上喜庆的红色印记。糖糕用粽箬卷一下做印记，粑粑如果是肉馅的，用竹筷子方头劈成四个小方形做印记，如果是糖馅，则用三根竹筷子的圆头并拢做印记，也用粽箬卷一下做印记。松糕大多用刻有"福"字或"囍"字的方形印章做印记。孩子们还抢着钻在灶口烧火，顺带取暖，也会在火灭后煨番薯吃。

每年春节，父母都会为孩子们至少准备一件新衣裳，孩子们早已迫不及待地偷偷试穿过了。

除夕的上午，大人们在家里家外忙碌地准备大年夜饭的菜肴，其中宰鸡、杀鱼是必需的，全家老小都在家里其乐融融，老弱妇孺也各有分工。

除夕的午后，每家每户"拜神仙"（土地公公、本方老爷等各路神仙）和敬祖宗仪式开始，这是全年之中最后一次祭祀活动。祭拜仪式完成后，家里的主人就开始做大年夜饭了。

大年夜饭和春节期间的食品原材料，每家每户在年底前都已采购准备完毕，其中蔬菜都是自家种的，菜肴的主要品种有红烧肉、红烧鱼、红烧鸡、肉嵌油豆腐、荽菜炒肉丝、粉丝汤等。红烧是农家菜的特色，其中红烧肉、红烧鱼、红烧鸡等主要大菜，一般都会加油豆腐、雪菜、土豆等作为辅料。这些大菜在人们吃过大年夜饭后，还要继续保留，春节期间用来招待来访客人。大菜也称"看菜"，一般有两碗，一碗吃剩了，在另一碗中再慢慢添加进去，直至再吃下去变为一碗，最后，再改成一小碗。看菜一直要等到家里客人全部来过后才能再吃，一般至少要等到大年初十。

农家菜以红烧为主，入味可口，但首先是为了"耐过饭"，其次是防止食物腐坏。白鸡、清蒸鱼之类的菜，在农村非常少见，因为白烧的菜吃剩了很难再成为"看菜"，因此，城里人经常笑话我们"不会享受"。

图2-6 罩篮

春节期间，无论是自家用餐还是外出做客，家里大人一定会关照孩子，用餐时只能吃荠菜炒肉丝和粉丝汤，看菜不能动，这个规矩孩子们都懂。也许是条件反射，小时候经常做这样的梦：高高兴兴地穿上新衣裳，看见桌子上摆满大鱼、大肉，香喷喷的，准备伸手夹菜，可是筷子一夹到嘴边，梦就醒了。这样的"美梦"让人感到无比痛苦，梦醒后，只能咕噜咕噜地咽口水。

春节期间，大家喝的酒都是自家酿制的米酒，即使买酒，也是零拷的普通坛装黄酒或"惯粟"（高粱）白酒。那时，很少有家庭在外面买瓶装酒。大年夜饭的菜品、标准，大多数家庭基本雷同。

"国有国法，家有家规，没有规矩，就不成方圆。"吃大年夜饭时，父母讲得最多的话就是各种各样的规矩。比如吃饭时，必须全家人到齐，并在家里年龄最长的长者动筷后，晚辈才能动；不许用筷子敲碗和把筷子插在饭里；吃完饭的碗里不能留下米粒；吃饭时手要扶碗，不许一只手放在桌下等。

中篇 四季乡愁 | 049

吃好大年夜饭后，孩子们最急切和最开心的事，就是等候在父母长辈的身边，讨要2角的"拜年钿"（压岁钱），走亲戚拜年时，偶有亲戚也会给小孩2—4角的拜年钿。

大年夜饭时，孩子们可以在家里敞开吃喝。自己有拜年钿，还有新衣裳穿，心里不知有多高兴。小时候玩疯了，经常做这样的梦（小时候的秘密）：尿急了找马桶，找呀找，找不到。找到了马桶尿完，突然感觉屁股底下热热的，热醒了才发现是在梦里找马桶。为什么梦里什么都是假的，尿尿却是真的呢？小时候很纳闷，梦里还不如找不到马桶呢，因此，梦里的马桶千万不能上。

那时，由于各方面条件有限，农村里除了过春节比较热闹开心外，虽然知道其他传统节日吃什么、做什么，但平时不过其他节日。家里只管孩子们一日三餐，能吃饱穿暖已经很不错了。

春节期间，孩子们没有作业，还可以天天做客，只管吃喝玩耍，热闹、新鲜、开心。因此，孩子们都盼望过新年，这是他们最快乐和开心的日子。

（二）走亲戚

春节期间，亲戚朋友之间互相拜年是过年的主要活动。那时，大家来来去去都需要依靠步行，遇到下雨天、小孩多或路很远时，也会摇船前往亲戚家里，因此走亲戚会比较辛苦。

年初一，老规矩不能出去拜年。天真活泼的孩子们穿上新衣裳，拿着自己做成的玩具，走东家串西家，憧憬着心中最美好的一切。他们最想做的事情是到城里玩耍，看看外面精彩的世界。

年初二，到舅舅舅妈、姑姑姑父家做客，有外公外婆在，那里一定是最宠孩子的地方。小时候还会唱：摇啊摇，摇到外婆桥，外婆买条鱼来烧，要叫舅妈烧，舅妈不会烧，外婆自己烧，烧到头和尾巴焦。

年初三，年轻人到岳父母家做客。

年初四以后，可以随意到其他亲戚家做客。

年初七，是人类的诞生日，还有一鸡、二狗、三猪、四羊、五牛、六马和八谷之说。因此，初七当日要称人重，寓意一年风调雨顺、人寿年丰。

那时没有电话，大家走亲访友不能预约，但各家大致知道什么亲戚什么时候过来做客。当然，也有春节前预约好的做客时间。那时大家都喜欢客人们集中来家里做客，因为这样省时又省力，关键是可以节省请客的开支，但这种情况很难实现。

春节期间，各家接待客人的标准虽然简单，但大家都准备有序。客人一到，就泡"炒米茶"（爆米花＋糖，用开水冲泡而成），这是客人到访家里的基本礼节。然后开始喝茶、聊天、吃瓜子。那时，麻将还处于被禁止状态，大家唯一的娱乐方式是4个人一起用纸牌打"百分"。

客人来到家里用餐，主人当日只要烧荠菜炒肉丝和粉丝汤等就可以了，而且这些菜还可以添加。看菜只要热一下，实际上也没人会吃。这样，春节就可以请客人用餐了。拜年带的礼品也比较简单，客人回家时，主人还会回礼。

春节期间，互相之间你来我往，是维持亲戚关系的标志，否则，就有被断亲（三代以上亲戚关系慢慢冷下来）的可能。亲戚之间平时还要在婚丧、建房和生子等重要时刻来往，因此，那时的份子钱也是一个家庭的一大支出。

年初九，新学期开始报名，孩子们开始收拾起来，准备新学期的学习。学生开学报到，上课的凳子，须从学生家里搬到学校，放假了再搬回来。

正月十三，是家乡本方"老爷"的诞生日，乡邻乡亲每年有请"老爷"的传统和习惯。

（三）元宵节

元宵节，大家都知道是吃汤圆的节日，但那时一般农村家庭不吃汤圆，有些人家会做一些小粑粑煮一煮放些糖吃，也没有什么文娱活动。

元宵节晚上，孩子们在田间"掼火把"（就是点燃手持的稻草，在田里一边跑、一边喊、一边掼，最后把即将烧尽的柴火抛向空中）的记忆深刻，掼火把的寓意是期盼当年作物丰收。孩子们在田岸上奔跑的同时，口里还要念着粮食丰收的"好话"。这种就地取材的热闹过节方式，随性、快乐，深受孩子们欢迎。掼火把也是孩子们在春节期间的最后一项活动。

元宵节过后，春节的喧嚣开始慢慢平静下来，村庄也恢复了往日的宁静。那时，虽然大家的生活条件极其有限，但就是这种简单、朴实和真诚的过年方式，却孕育出了浓浓的年味。

春节期间，除了走亲戚和谈婚论嫁外，参加宗教信仰活动也是老百姓的一项重要议事日程，并在他们心中有着至高无上的地位。因此，春节后他们就要去烧香拜佛。

（四）春播准备

春天，是播种的季节。春末夏初，预示着一年中第一个农忙——"春耕"（收割麦子、油菜和蚕豆，播种早稻）即将开始。

做（修）"田岸"（田埂）、疏通加固垄沟和开河泥潭，一般是开春前后最早的农活，也是一年农忙的序曲。

田岸的作用不仅仅是分隔水田的大小，也控制每爿水田灌溉的水位，更是在农忙耕作时人行的通道，人们可以穿着草鞋行走在田岸上，稳步挑起稻穗（麦穗）、秧苗、肥料等，完成田间的重体力作业。因此，田岸的作用非常重要。

同样，垄沟经过上一年的水流运动和水草生物生长的影响，也可能出现部分破损或者堵塞等现象，需要进行清理和修补，以保证新一年垄沟水流的畅通，疏通、加固垄沟同样十分重要。

做（修）田岸、疏通加固垄沟，是每年必做的水利工程。

开河泥潭，则需要根据实际情况决定。

（五）早稻秧田

农民对节气更替了如指掌，他们心中有一张农作物生长周期的"网络图"和"作战图"，清楚地知道每种作物的育种起点、成熟和收成终点，对生长过程的关键线路、关键节点、前后搭接、流水节拍等相互之间的关系清清楚楚。他们知道实施时环环相扣、过程闭环，否则，就会影响一年的收成。

每年的3月中旬，开始准备做秧田。真正的农忙，也从做秧田开始。

早稻秧田在上一年秋收冬种时，已预留好13%左右的种水田面积。同时，准备早稻种谷和育种。种谷，必须是上一年留下来最好的稻谷，通常按照每亩12—13公斤种谷留存育种。

育种，就是把种谷放在大缸内，加水和消毒药剂浸泡一定时间（一般为两昼时），然后把种谷放在用麻布垫底的地槽内，地槽上面用竹条做成环形框架，上面用尼龙薄膜覆盖。为了保证种谷培育时的最佳环境，棚内还要放置温湿度计控制温湿度和湿度，待种谷发芽到一定程度，就可以播种了。

此时，秧田也已经初步准备好。农民一定会做到工序的"无缝搭接"。

做秧田有很多环节。首先，要在预留的秧田里放水灌溉，然后用"板齿铁铪"（翻土的农具，有4个铁齿，端部为板状）翻田、破细，用"抄切"（又叫华抄，一种开沟铁锹）开沟，形成宽度1.8米左右的秧田"塄头"（一块一块秧田），再用"摊耙铁铪"

图 2-7　做秧田

（翻土的农具，有4个略尖的铁齿）初平，两人踩在埫头两侧的沟里用木板推平，这个过程一般需要多日才能完成。

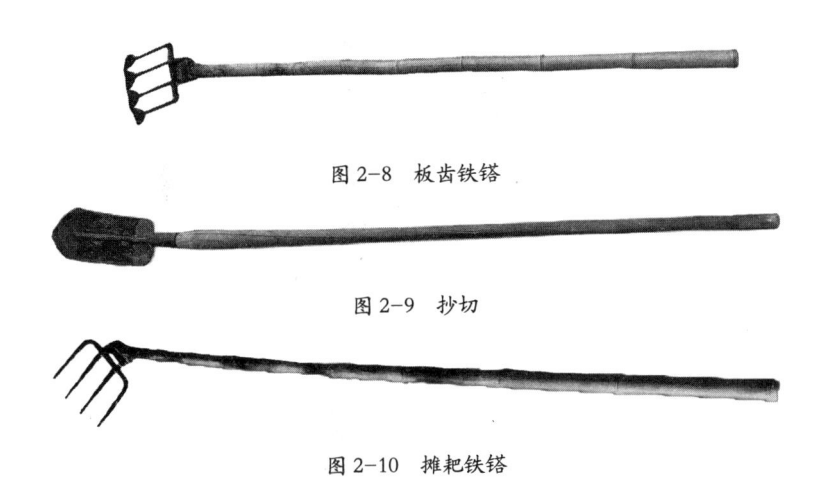

图 2-8　板齿铁铬

图 2-9　抄切

图 2-10　摊耙铁铬

秧田埫头初步完成后，表面浇上一层河泥（保持一定稠度）覆盖后再用"木耥"（一种推平秧田的农具）推平。然后，把种谷均匀地抛撒在秧田河泥的表面，用抄切按照同一个方向移动（不能来回移动，否则会损坏种谷的芽），把种谷轻轻地压到河泥里，再撒上一层砻糠灰或毛灰，最后，覆盖尼龙薄膜进行保温。砻糠灰或毛灰有一定的肥效，并具有让秧苗少粘泥土和容易拔秧的功能，尼龙薄膜除了保温还有防止麻雀等鸟类吃种谷的作用。

播种育秧是一项关键的技术，它需要掌握气候情况和具备丰富的实践经验，才能保证前后工序配套。播种育秧通常由生产队植保员负责。

4月1日左右，早稻秧田播种完成。此时，赤脚站在水田里做秧田仍会感到丝丝凉意。

在早稻育秧的同时,每家还会在自留地培育夏季作物和果蔬秧苗等,如惯粟、攀粟、南瓜、刀豆、长豆、西瓜、小瓜、黄瓜、地蒲等秧苗,这些作物都需要育秧后移栽(类似种雪菜)。此时,立春前后"排"(种)的"洋山薯"(土豆)即将成熟,等到立夏前(约4月底)就可以吃到新鲜的洋山薯了。排"番薯"(地瓜,也称为白薯)一般在5月中下旬,先需要垄岗,后做成一条一条岗塝头,排上番薯苗,一般等到10月中下旬时,番薯就可以收成了。

春节过后的一个月,各种作物都同时开始播种,农民就忙碌起来了。

(六)春菜收成

3月下旬至4月上旬(清明前后),是腌制春季雪菜的季节。这时,由于气温迅速升高,雪菜老得也很快,因此,必须抓紧收割和腌制春季雪菜。

雪菜成熟后,需要先从地里"挑菜"(把成熟的雪菜割除),并把雪菜的根部向上,经过阳光照射2天左右,使雪菜的叶和秆达到一定的柔软状态。然后,清理烂叶并切除多余的菜蒲头,这个过程称为"理菜"。理好的雪菜就可以收到家中放进大缸(也叫七石缸)内加盐用人力踩踏了。踏菜是重体力活,有时踏菜的人累了,用一根竹竿来借力(相当于一根拐杖)。踏熟后的雪菜,上面还要用几个空甏压一下,一般需要半天以上的稳定期。把踏熟后的雪菜装进甏里,赤脚分层压实,下面垫"柴草鞋"(专门

图 2-11 收割雪菜

用于腌菜甏的稻柴垫），把甏倒放 1—2 天，使卤汁流干，然后用"撑菜棍"（专门在甏里撑菜的木制工具）加料。加好料后，撒上一层盐，用菜叶盖面，上面再封"甏头泥"（封菜甏的泥），一甏雪菜就腌制完成了。

腌制一大缸菜，大约有 90 公斤，一大缸菜腌制后，又可以装满 7 个甏。春雪菜的用盐量最多，每甏约 2 公斤。每甏菜的用盐量

图 2-12 腌制雪菜

也与气候、品种有关，如寒雪菜每甏需约1.25公斤，大头菜每甏需约1.8公斤，萝卜干每甏需约1公斤。

一甏菜净重约11公斤。春雪菜和大头菜在夏季出售，寒雪菜和萝卜干在冬季出售。那时，每甏菜可卖2.5元左右。

（七）春色烂漫

春天，万物复苏，经过一个严冬的"煎熬"，孩子们最急切盼望着春暖花开的到来，早日脱去身上厚重的棉衣棉裤，拥有一个轻盈的身体，这样玩起来更加爽快了！

春天，蜜蜂在阳光的照耀下，围着菜花儿采蜜来了，它们卿卿我我，好一派温馨的闹春景色。孩子们最喜欢掭蜜蜂，他们站在未经粉刷的墙壁旁，用耳朵俯贴墙面砖缝间的洞口，"倾听"洞内发出的声音，发现哪个墙洞里有蜜蜂的响动，就会用细小的竹条把它们掭出来，并以此为乐。如果发现蜜蜂钻进了"木柱脚"（木柱子）、"木桁条"（木檩条）或"木椽子"（木椽条）中，孩子们就立刻把它们掭出来，并把洞口堵住，以保护木构件不被破坏。

春雨绵绵，气温宜人，3—4月正是河鲫鱼产卵的季节，也是油菜花的盛开期，河道里的鲫鱼会逆水游向上游，我们就在垄沟的下水沟口张"倒笼"（一种让鱼儿自投罗网的捕鱼工具，也叫退笼），抓"上水鲫鱼"，也会在水滩上用鱼叉或"张销袋"（一种上圆下尖的捕鱼网工具）捕鱼。

用菜油烧鱼，现在看再平常不过了，但那时捕鱼是免费的，菜油则需要凭票用钱购买，每公斤菜油1.66元，如果按烧鱼一次 0.05 公斤菜油计算，就需要菜油钱 0.083 元。因此，部分家庭主妇经常要骂她的丈夫（抓鱼人），只知道"享受"，如果再喝点酒，一定会骂他"败家子"，因为烧鱼用油太多了。

春季，也是孩子们在田野里放"纸鸢"（风筝）的好季节。最适合放纸鸢的时间是正月和二月，老百姓有一个顺口溜：正月鸢、二月鸢，三月放只乌龟鸢。孩子们在自家竹园里砍一根竹子，然后把竹子劈开，用竹篾自制纸鸢架子。纸鸢的式样，主要有蝴蝶纸鸢、"百脚"纸鸢等，最简单的纸鸢叫"马桶纸鸢"，好似古代官帽的样子。马桶纸鸢就是用竹篾做成一个直径约30厘米的圆圈，中间加一根长1米左右的小竹竿，架子用线扎好。然后圆圈部分用糨糊糊纸，小竹竿的两端扎上几根鸡毛，尾部再加几条长纸条平衡，有时也接几段稻柴。马桶纸鸢圆圈部分为纸鸢的迎风面，小竹竿两端扎鸡毛和尾部纸条起到平衡纸鸢的作用，纸鸢加一根长线，这样一只马桶纸鸢就制作完成，可以在空中放飞了。孩子们尽情地享受纸鸢在春风里自由飞翔带来的快乐。

清明节的祭拜和扫墓是农家的重要活动，每家每户都非常重视，也是全年的第一次祭祀活动。

清明节后，气温明显升高，各类农作物日渐变绿、变高，生长明显加快，田间、地头一片生机盎然。

春夏之交，是孩子们最放纵的季节。他们最喜欢有水的地方，在河边的垄沟出水口，用河边的泥垒成"水坝"，然后在"水坝"中间的适当位置，用竹筒做成"排水口"和"闸门"，待水位到达一定高度后，再"开闸、放水"，尽情地享受着"控制水位、水流"的那份快乐。孩子们会在那里待上半天，甚至整

图 2-13 麦苗

天,留下满身泥巴,不亦乐乎,常常会被家长臭骂后才灰溜溜地回家。

为了保证作物的开花结果期不受干扰,田间不允许有人进入割草,因此,看草人应运而生,他们的职能就是看住不自觉的割草人,进入春花作物田内"偷割草"。

此时,一望无际的麦穗和油菜花、蚕豆花竞相开放,田野里风吹草动,大地就成了一块绚丽多姿的天然调色板,也是一年四季中农村最美的自然景色。

碧绿的麦子渐渐变为金黄,麦穗就快要成熟了,油菜花、豆花儿怒放盛开,油菜、蚕豆也快要结果了。

图 2-14　油菜花

图 2-15　花草

二、夏季

夏季，是一年四季中最热、最忙的季节，也是农民最辛劳的时节。在这个季节里，初夏要完成春花作物的收成和早稻的播种；仲夏又要完成早稻的收割和晚稻的播种。除了6月中旬至7月中旬是早稻的生长期外，春夏之交、夏秋之交，农民的主要劳作都在田里。只有经历过"双抢"的劳作，才能让你体验和感受到"锄禾日当午，汗滴禾下土。谁知盘中餐，粒粒皆辛苦"的含义。

图2-16 茶壶

夏季的开始是立夏，结束在立秋前。这个季节有两个重要节日，立夏节和端午节。立夏节在春耕刚刚开始之时，端午节在春耕刚刚结束后不久。农忙季节，农民无暇顾及过节，劳动才是主旋律。

夏季，充足的光照、持续的高温以及充沛的雨水，给植物生长提供了有利条件，是农作物生长最旺盛的季节。同时，梅雨、台风也都在这个季节来凑热闹，夏季的雨，民间有"夏雨隔爿田"（两爿田之间一边有阳光，一边在下雨）之说，夏季降雨量是全年最为集中的季节，占全年总降雨量的40%左右。

"吃苦耐劳"是农民的本质，"热天做来冷天吃"是农民的天然想法。农民最知道"一分耕耘一分收获"的道理，最知道庄稼必须遵循自然规律生长，更知道过程中的控制质量就是庄稼收获的质量，这是农民最宝贵的思想诠释。

（一）立夏节

立夏，就表示告别春天，也是夏天的开始，因此，又称为"春尽日"。立夏节气后的最大气候特征之一就是阵雨、雷雨明显增多，气温明显升高，立夏后离黄梅天也不远了。

立夏这天流行吃立夏饭，也称为"野米饭"，那是孩子们的最爱。吃立夏饭的寓意是"五谷丰登"和"身体健康"。立夏饭中加入春笋、豌豆、蚕豆、苋菜等多种色彩丰富的食材，象征五谷丰登、生活多彩。同时，这些食材也富含营养，有助于身体健康。

立夏日，孩子们早早结好伴，在野外合适的地方挖好灶膛，从家里搬来锅盖瓢盆、柴米油盐，去野外（原则上不管哪家都行，这一天大人们都不会介意）采摘最新鲜的春笋、蚕豆、豌豆、青菜，米是从各家各户讨来的百家米，所以野米饭又叫"叫花饭"，有条件的再加一点咸肉。露天烹饪、烧饭。烧野米饭必备的烧火工具是"火通"（一种使灶膛柴火不灭的工具，用3节竹竿做成，竹节处打通，在灶膛内明火快灭的时候用嘴吹一下助燃），因为在潮湿的灶膛内很容易熄火，火钳可以用路边树枝代替。

一切准备完毕后，先做菜，后烧饭。一群热情主动的小伙伴一定会"积极配合"，上面一个在炒菜，一个会加水，下面一个在添柴，一个会吹火。一会儿，一锅色彩斑斓、香气扑鼻的菜烧饭就大功告成了，孩子们就急切地分享起了自己的劳动成果。

立夏当日上午，孩子们最担心的是天公不作美。如果下雨，一切准备和期待就前功尽弃，也无法享受这种快乐了。

（二）春耕

每年的5月份，是收割大麦、小麦、油菜和蚕豆的季节，这些作物被称为春花作物。春花作物收割后，就要播种早稻，这个过程叫春耕大忙，也是家乡新年后的第一个农忙。

"花草"（紫云英，是我国早期引进的畜牧饲料）田是最早耕田种田的早稻田，除了留出种子外，花草的作用就是田间积肥和改善土壤性质。因此，花草没有实际收成，也不受收割影响。通常，生产队约将晚稻田总田亩数的1/3播种花草，并每隔3年左右将春花作物与花草田轮流播种。

大麦，是最早收割的春花作物。成熟的大麦用镰刀割倒后，一般在田里晒上1—2天，通过日晒以减轻重量。然后，用"缚捋"（将两股稻草梢头打结而成，用以捆绑作物等）把麦子捆起来，再挑到晒谷场上。如果遇到下雨，就要提前把大麦挑到晒谷场上。

麦穗由于带刺，如果不小心掉进衣服里，就会使人感觉很不舒服（很痒），因此，脱粒麦穗一般在晚上不出汗时进行。

脱粒后的大麦，先用"乱柴笪"（一种用竹篾编成过滤谷物的农具）初筛，晾晒后，再用风车过滤杂物和灰尘。

油菜收割不能太熟，如果太熟，油菜籽就会自然掉在田里，收成减少，民间有"八分熟十分收，十分熟八分收"的说法。油菜快成熟时，可以用手直接拔起，也有用镰刀收割，油菜梗也要在田里经过2—3天的日晒，再用稻草在油菜梗的根部一把一把捆起来，挑到晒谷场上叠堆存放一段时间，让其自然晾干。晒干后的油菜梗一动，油菜籽就会自动掉下来，用竹竿敲打一下，油菜籽就会全部脱落。脱落的油菜籽也用"乱柴笪"初筛、晾晒，然后再在弄堂口的微风下，用簸箕扬一下，就能过滤杂物和灰尘。

图2-17 敲油菜

小麦的收割最晚，收割方法与大麦一样。

麦子和油菜籽晒干后，都要送往公社粮站出售。

在20世纪70年代至80年代后期，油菜籽出售后还要换菜油票，村民平时必须凭菜油票购买菜油。那时菜油票非常珍贵，可以与城里人调换粮票。

蚕豆的收割相对简单。把成熟的蚕豆梗拔起，晒上2—3天后，用缚拷把蚕豆梗捆起来，挑到晒谷场上，把蚕豆荚摘下来，待蚕豆荚晒干后，敲打一下，蚕豆就会自然脱落。

晒干后的麦秆、油菜梗、蚕豆梗，要及时捆扎起来，并叠成柴堆，柴堆的顶部用扎成伞形的早稻柴覆盖。当时，农村土灶主要依靠这些柴料烧饭做菜。

春花作物收割完成后，新鲜的小麦就上市了。此时，孩子们急切地希望早日品尝到新鲜麦子做成的面条和馄饨，这是初夏期间农民最时令的美食，也是改善伙食的好办法。

小麦磨成粉后，用绢筛筛过，分离出面粉和"麸皮"（麦子的壳）。面粉就是制作面条和馄饨的原料，从给面粉加水到揉成面团，从面团擀成面皮，再切成面条和馄饨皮子，面条和皮子的制作过程，是一种轻松享受的过程。面条的调料是炖熟的酱油、菜油加葱，类似小葱拌面和阳春面。馄饨的馅一般是萝卜丝和南瓜丝，很少用肉类做馅，这样的面条和馄饨煮熟后香气扑鼻，吃起来丝滑爽口。

麸皮在水里浸泡后，再用水洗，称为"汰面筋"，面筋搭配咸菜，也是一道美味佳肴。

那时，各家做面条和馄饨时，邻里们还有一个好习惯，就是都会给对方家里送一碗。对于平时习惯只吃大米的江南孩子而言，能吃上面条和馄饨，也是一种美食享受。

早稻播种，花草田称为两熟制，麦子、油菜、蚕豆田称为三熟制。

春花作物收割完成后，首先，在田里捡麦穗、"转犁头"（耕牛无法作业的地方，用人工垄田，也叫"垄田角"）。然后，往田里放水灌溉。农田放水灌溉完成后，就开始用耕牛牵引，进行"犁田"（用犁头把田里的土翻转）、"耙田"（人站在耙上，也用耕牛牵引把犁田后的土破细）、"耖田"（水田破细后耖平的专用工具，类似一把大梳子）。

图 2-18　人力踏水车

1970年后，农村有了手扶拖拉机，代替了耕牛的犁田和耙田（把两者合二为一），耖田仍然用拖拉机作牵引动力，有了拖拉机后，生产效率大大提升。

耕牛，在没有农耕机械的情况下，是生产队的重要"固定财产",极其珍贵。青年的水牛一般要去温州、金华一带购买,东栅有个牛场一般都是老牛。那时没有耕牛就无法进行农业生产,因此,农民对耕牛爱护有加。

一年四季,生产队都有人轮流看管耕牛,一天一轮,管牛人要保证耕牛每天吃饱、吃好。农闲时,还要放牛吃草。农忙时,如果轮到管牛的那一天,管牛人要割草喂牛,保证耕牛的一日三餐。有时为使耕牛尽快恢复体力,在农忙后,会给耕牛喂黄酒等,还要给耕牛补充营养,如用"草包豆"(用早稻柴包裹黄豆)喂给耕牛吃。

"双抢"期间,如果能轮到一天管牛,那简直是如同神仙般的生活。因为管牛要让耕牛吃饱、喝好,工作量与烈日下在田里干活相比,完全是两种不同强度、不同环境的工作。"双抢"期间,一家人如果一个人轮到一天管牛,就把家里的家务全部干了,其他人都可以跟着享受一天。

犁田,就是犁田人牵着牛鼻绳(好比方向盘)指挥耕牛作业,这种活看似犁田人把握犁头,跟着耕牛走就行,工作非常轻松,但实际上犁田人要有非常丰富的把控和洞察耕牛动态的能力,否则,就会出现犁田深浅不一、宽度不等的瑕疵,甚至可能出现在转弯时犁头伤及耕牛后脚等情况。因此,犁田人必须是了解耕牛习性的固定人员,这样才能保证犁头"把控自如"、田地翻转厚薄均匀。犁田,是对水稻田的"初加工"。

犁田人有一种让人羡慕的干活福利,那就是他们在犁田时,腰间背着一个鳝篓,在犁田翻土时,不时会遇到泥鳅或黄鳝,犁田人这种"随手可得"的福利,一天下来,解决全家一餐美食绰绰有余。

耙田，就是在犁好的田放水灌溉后，人站在耙上，跟着耕牛前行，把耕田后的土用耙前后、左右来回破细。花草田因上一年稻田未经翻田，土壤比较密实，因此，必须再把耙好的田重复犁一遍，两遍之间间隔5天左右，再继续用耙前后、左右来回重复破细一遍。花草田通过两次犁田、耙田，就达到了种田的要求，相当于对水稻田的"粗加工"。

图 2-19 犁田

麦田、油菜田、蚕豆田，因在上一年翻过田，土壤结构相对比较疏松，故一遍犁田、耙田就能达到"粗加工"的要求。

耖田，就是把犁好、耙好的田，用耖来耖平。同样，人跟着耕牛来回移动，就达到可以种田的平整度。耖田，则相当于对水稻田的"精加工"。

图 2-20　耖田

耖田后,就要进行挑猪羊灰、搭灰、摊田、拔秧、挑秧、抛秧、经绳,最后开始"种田"(插秧)。

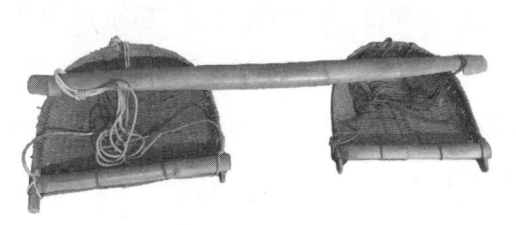

图 2-21　土笪

挑灰,就是从河泥潭里把土杂肥装进"土笪"(类似带绳的畚箕)内,然后,沿着田岸挑到水田的适当位置均匀倒出。

搭灰，就是把放在田里的土杂肥，用手均匀地抛撒在水田的每个角落。搭灰，也是刚参加劳动的孩子们常做的农活，搭过灰后手上的臭味，即使用肥皂洗过几遍，几天后还闻得出来，可见土杂肥"肥效"的厉害，"臭乡下人"可能就是这样来的。

摊田，就是用"摊耙铁铬"（一种用于平整田地的4齿铁制农具，在岗地上平整作业叫"捋岗铁铬"）把土杂肥均匀地在水田里来回拖动，达到可以种田的平整度，如果局部猪羊灰过多，还需要用脚把猪羊灰踩下去。

图 2-22　雨中摊田

拔秧，就是人坐在"拔秧凳"（两脚下面分别有木条连接，主要是防止拔秧时由于人的重量而下陷）上，用双手不断地把2—3根秧一起拔起来，然后各自洗一洗秧泥（如有），再把左右手里的两把秧合在一起,两把秧以一手可以握住的大小为宜。接着,用左手的拇指压住一根"拔秧柴"(梳理后的早稻柴)的端部,右手按顺时针方向将拔秧柴绕秧2—3圈并收紧,再把拔秧柴的梢塞进拔秧柴端部的圈里,将稻草的端部用力向上一拉,称为"扎秧",一只秧就形成了。

两熟制因种田时间最早,秧苗在秧田里用抄切小心翼翼地抄起来放到土笪中,然后挑到水田里种下。三熟制则是手工拔秧后运送到田里种下。

图 2-23 拔秧

挑秧,就是把拔好的每一只秧装在土笪内,然后沿着田岸均匀地挑到田岸边倒出。

抛秧，就是把挑到田岸边的秧，均匀地抛撒到水田的每个角落。抛秧时，要注意观察田里种田人的情况，也要提示一下种田人，避免把秧抛到种田人身上或把泥水溅到种田人身上。

经绳，就是两人在田的两端拉绳，经绳用的是双股尼龙绳，也称为"田丝绳"，两埭一根，经绳的作用是保证种田时秧苗的横平竖直。

种田，就是左手握住一只秧，右手把拔秧柴脱去，并把脱去的拔秧柴扔在自己的前面，然后左手握着一把秧，拇指和食指不断理出3—4根秧，再把秧传给右手的中指和食指，右手夹住秧的根部后，把秧苗插进田里，保证秧苗插到田里基本垂直。

种田时左右手必须紧密配合，动作的熟练和连贯程度，决定了种田的速度和质量。种田人累了，把左手肘关节搁在膝盖上稍作休息，如果时间长了，会被别人笑话，也会使种田速度变慢。

种田时每人每埭插6棵秧苗，分别插在自己双脚的中间和左右两侧各2棵。种田时双脚移动不能同步，需要保持一前一后退步。一埭田的宽度约90厘米，一天一个全劳力一般可插5埭田。

农民最懂得利用自然和天气。夏季主导风向大多是东南风，因此，种田必须逆主导风进行，即从北向南或从西向东进行，插好一爿田，再换另一爿田，顺序也是如此，田丝绳同样如此移动。

秧苗插种后，还需要进行施肥、耘苗、拔草、烤田、放水、除虫等田间管理工作，才能确保水稻的健康生长和成熟。

春耕完成后，麦秆、油菜梗等均已晒干。把捆好的麦秆、油菜梗堆叠起来，也是必须做的工作。叠柴堆必须及时进行并需要

图 2-24 种田

图 2-25 除虫

图 2-26 羊头草

一定的专业性，否则，柴堆叠到了一定高度会塌下来。麦秆、油菜梗因燃点很低，容易燃烧，烧起来火力又很旺，是农家土灶的好燃料，所以，特别适合小朋友学烧火。

（三）种菱

初夏，是种植菱和羊头草的季节。农民们先在河道里打好竹竿作为水面的关键控制点,然后把羊头草的种苗(上年冬天积肥留下来的)均匀地扎在稻绳上,形成一条条水草链,再把水草链放在规划好的水面上,让其自然生长。种菱时,只需在菱苗的周边用这些水草链围护即可。

(四)春蚕

嘉兴是典型的江南水乡,被誉为"丝绸之府、鱼米之乡",种桑养蚕是当地的一大主要产业。当代著名作家茅盾的短篇小说《春蚕》,展现的就是那个年代杭嘉湖一带养蚕的地域特色和农民的生活与命运。

那个时候,记得大人们喜欢把蚕叫作"蚕宝宝",意思是说它全身是宝,吃进去的是桑叶,吐出来的却是洁白珍贵的丝。丝绸则是柔软珍贵的服装面料,常常是达官贵人们身份的象征。

5月初,开始饲养春蚕。每个生产队会根据桑园面积大小,确定领取蚕种的张数,并确定专人饲养蚕宝宝。此前,蚕室、蚕架、蚕匾等养蚕工具已经洗净消毒完成。

蚕子(最初从蚕种场取回的蚕种)收蚁后,为一龄蚕,蚕室最初的温度控制在27—28摄氏度,这时,蚁蚕须用鹅毛小心拨动。蚕宝

图 2-27 采桑叶

宝 3—4 天喂食，开始头眠并蜕皮。

头眠后，为二龄蚕，蚕室温度控制在 26—27 摄氏度，经过 3 天喂食，蚕宝宝开始二眠并蜕皮。

二眠后，为三龄蚕，蚕室温度控制在 25—26 摄氏度，经过 3—4 天喂食，蚕宝宝开始三眠并蜕皮。

三眠后，为四龄蚕，蚕室温度控制在 24—25 摄氏度，再经过 3—4 天喂食，蚕宝宝进入四眠（大眠）并蜕皮。

大眠后，为五龄蚕，蚕室温度控制在 23—24 摄氏度。此时的室外温度已很高，可以进入自然常温饲养。五龄蚕一般在 7 天左右，需要给蚕宝宝喂食大量桑叶。

1—3 龄为小蚕期，温度要求比较高。小蚕室大多设置地火龙用木柴加温，也有炭火加温，三眠后温度可以适当降低，民间把三眠时称为"出火"。温、湿度控制得好，蚕生长就快，一般 10 天 3 眠。4—5 龄为大蚕期，一般自然温度饲养即可。

蚕宝宝生长得很快，从领到蚕子到蚕宝宝成熟，温、湿度掌握得好，22 天左右就能"上山"（放在柴龙上吐丝成茧）。成熟后的蚕宝宝就要及时上山，蚕宝宝 3 天成茧，5 天吐丝完成后要化蛹，一般是上山 7 天左右，然后迎来采摘蚕茧和出售的最佳时刻。蚕茧分为正常茧、双宫茧和烂茧三类，分开存放。

在此之前，农民们已绞好了"柴龙"[把稻草切割成 30 厘米左右长，然后用摇车（制绳的农具）制成柴龙，柴龙的长度约 10 米]，他们会把成熟的蚕宝宝轻轻地放在柴龙上（上山）。

一般春季饲养蚕宝宝需 22—25 天，再加上上山成茧、采茧出售需一个月左右。

图2-28 蚕宝宝"上山"

把蚕称为蚕宝宝，就是因为蚕的生长过程除对温、湿度有严格要求外，对环境要求也非常高，蚕室内需要经常消毒。在春蚕（秋蚕也同样）饲养期间，政府会发出通知，要求养蚕区的砖瓦厂、水泥厂等排氟企业暂停生产。同时，停止销售和使用除虫农药，以防蚕宝宝中毒，造成不结茧等后患，影响农民收益和丝绸工业原料保障。

蚕宝宝开食后，除了眠中，不分昼夜，不间断地吃到

图2-29 采茧子

中篇 四季乡愁 | 077

成熟为止，头眠、二眠、大眠饲养蚕宝宝，喂食等都有不同的方法和要求，因此，虽然劳动强度不是很高，但养蚕的人需要具备专业技术和经验，随时注意和观察蚕宝宝的动态和生长情况，直到蚕宝宝"上山"，才可以放下心来。

6月初，供销社茧站开始收购茧子。茧子收购后需要及时进行烘干处理，防止出蛆出蛾。经过缫丝厂缫丝，再供应给绸厂织成丝绸制品和染厂染色，就成为丝绸面料，最后，由服装厂制作成各式衣服。

另外，蚕茧收成后的蚕屎和废弃柴龙，也是非常重要的田间肥料。

（五）端午节

端午节，是一年之中一个重要的民俗节日。吃粽子最初是为了祭祀祖先神灵。传说屈原投江那天是五月初五，人们不忍心江中的鱼虾啃食屈原的身体，便向江中投入粽子。端午节的龙舟竞渡最早起源于纪念伍子胥，在嘉兴市城东15公里外的南湖区大桥镇胥

图2-30 裹粽子

山村有胥山遗址。千百年来，因为屈原名气太大，中原一带的人们渐渐把端午作为纪念屈原的节日。而对纪念伍子胥与端午之说，除了江浙一带，不为人知。

我们知道端午节吃粽子、吃"三黄"（即黄鱼、黄鳝、黄酒），也知道有赛龙舟等习俗，但小时候除了吃粽子，没有其他口福、眼福可以享受。端午前夕，母亲就会将赤豆、糯米搅拌均匀，裹粽子时每只加一颗枣子，就是那时最高档次的粽子了。普通的粽子，就是纯糯米裹成，叫"白水粽"，白水粽用糖蘸着吃，味道也很好。

吃过的粽箬，要洗干净保留下来下次再用，完整的可以继续包粽子，破损的可以作为糖糕、粑粑的垫层。

在端午节这天，人们会把家里打扫干净之后，将艾叶、菖蒲和大蒜头用红绸扎牢，悬挂在门楣上。传说艾叶代表招百福，可以驱避蛇虫"百脚"（蜈蚣），使身体康健，起到防治疾病的作用。

端午节正是春耕大忙期间，此时，粽子的另一个作用就是最好的农忙充饥点心。端午节对农民而言，更多的意义是一个农耕节气，是早稻播种的一个重要节点。因此，端午节吃粽子，农民称为"苦粽子"，意思是吃了粽子后，就要进入全年最艰苦的田间劳作时期。

（六）晚稻秧田

春耕结束后不久，晚稻秧田也会及时播种，一般在6月中旬完成播种任务，晚稻育秧的程序与早稻基本相同。随着气温逐渐升高，晚稻秧苗比早稻秧苗生长得快好多，秧苗也长很多。

每年6月中旬至7月初，是江南地区的梅雨季节（黄梅天），也是早稻的重要生长期。梅雨季节阵雨不断，这时，也是一年之中雨量最多的时候，空气的湿度达到全年最高值，高温加潮湿，使人感觉特别难受，也使器物受潮生霉，给早稻生长带来肥水的同时，也给农业生产和农民生活带来严重影响，1998年，长江流域发生大洪水，就是在这个时候。出梅后就进入了盛夏，也进入了农民一年四季中最辛苦的时节。

图2-31 稻草人

早稻种田后，经过2个多月的生长，秧苗很快变成了金黄色的稻田。远远望去，蓝莹莹的天空和碧绿的田野和谐相接。阵阵夏风吹来，摇曳的稻穗发出清脆的沙沙打击声，沉甸甸的稻穗仿佛在诉说着丰收的喜悦，告诉我们早稻快要成熟了。

这时，生产队也安排看鸟人出来工作了，他们手持开口的竹竿，摇动后发出"啪啦啪啦"的声音，以此来驱赶鸟类，防止其偷吃稻谷。田间还放置很多"手持"各色标志物的稻草人，"协助"驱鸟。

（七）抢收抢种

为了保证晚稻生长有足够的温度和时间，必须进行抢收抢种。抢收抢种就是抢收早稻、抢种晚稻的过程,"双抢"是一年的第二个农忙,也是农民最忙、最累、最苦的时候。

为确保"双抢"顺利进行,大家早就做好了各种准备,包括整修配备农具、备足食物等。社员们经常参加生产队、大队组织的会议,听报告、学文件,"双抢"前夕生产队、大队召开的誓师大会,全体社员必须参加。

各级政府非常重视农业生产和农民生活,"双抢"开始时,号召各行各业大力支援农业。当时县、公社两级机关干部编制较少,如一个公社,全部工作人员不足10人,但在"双抢"期间,上级要求除了一个值班人员外,其余工作人员一律下派到大队和生产队的农业生产一线,到田间、地头了解、指导农业生产。

"双抢"期间,社员如有外出做工或做生意的,必须返回生产队参加"双抢"劳动。生产队也会给每个家庭"预支"(预先支付分红)30元左右的现金,作为"双抢"期间的费用。

出梅后,大概在7月18日之前,是"双抢"开始之时。在20天左右的时间里,每人需要完成大约2亩水稻田的抢收和抢种任务,劳动条件和工作强度可想而知。"双抢",一般在8月初必须完成,最晚也不能超过立秋节气,否则就会影响晚稻的产量。

1965年前后,家乡农村开始有了电力供应,但当时由于容量有限,电压极不稳定。刚开始时只解决一家一户一盏15瓦灯泡的照明(两相电),一个生产队只有一只电表,很多农户为了节约电费,在两间屋的隔墙上开一个洞,电灯装在墙洞上,这样两间屋都有亮光了。后来,逐渐用上马达(三相电)为农业生产服务。刚开始时,水车用马达替代人工,后来机埠建立,开始真正实现机械灌溉,人力踏水车改成了抽水机,人力"掼稻"〔在"谷桶"(用2.5—3厘米厚的木板做成,为方形倒棱台形,底小面大,底宽度约100厘米、面宽约120厘米、高度约80厘米,下面有两根助拉条)上放好"小稻床"(用木框子中间加竹片做成的掼稻架子),搁在谷桶上,使其脱粒稻谷〕也用上了轧稻机。

1975年后,手扶拖拉机和"电耕犁"(两端马达牵引,用倒顺开关和人工来控制犁的来回耕田)开始出现。电力、拖拉机和电耕犁的出现,逐步结束了耕地、犁田、耙田、秒田用耕牛和灌溉用人力踏水车、轧稻用人力"稻桶"(一种在田里掼稻的木桶)掼稻的历史,农业生产力大大提升,也是农耕逐步转向机械化的开端。

电耕犁曾经节约了劳力而受到农民的追捧和推广。但后来由于经常出现安全事故,不久就被弃用了。

"双抢"期间,农民正常劳作时间为5:30—11:00和13:30—19:00。经常为了赶时间、抢进度,全体社员凌晨4:00左右就起来拔早秧。

拔早秧时,天还没有亮,社员们就一手拿着拔秧凳、一手夹着拔秧柴匆匆出发。有小孩的母亲,还要把孩子送到生产队托儿所,母亲与孩子分别时,孩子的哭闹声撕心裂肺,但母亲顾不得这些,不得不到田里拔秧。也经常见到社员们一边赶路,一边嘴里还在吃东西,魂尚在睡梦中,人已在田岸上。

拔早秧时,虽然没有白天那样烈日难熬,但浑身被"马疯子"（一种比蚊子还小的飞虫）、蚊子和蚂蟥叮咬，使你难以招架，这种全方位的袭击苦不堪言。

"双抢"期间，不管高温烈日还是刮风下雨，社员们没有休息时间，一切围绕着抢收抢种。遇上高温天气，最多下午晚一点出工，但晚上就要延长收工时间，也不管你是谁，只要你能干、有一份力量，就会主动投入其中，乡亲们也知道谁在干什么工作。

收割早稻的顺序主要有割稻、缚稻、拾稻穗、挑稻、轧稻、晒谷等工序。

割稻，就是把成熟的稻子用镰刀割下来，一人割一垛田，一般5棵株距割下来的稻穗放在一起，成为"一个稻"。

图 2-32 勤劳的大姐与稻田

图 2-33 割稻

缚稻，就是把割下来的一个稻，晒 1—2 天后，用缚稻柴把它缚起来（把稻穗捆起来）。

图 2-34 担绳与树扁担

拾稻穗，就是把挑稻后田间留下的零星稻穗捡起来，然后再把它们缚一起，成为一个稻。

挑稻，就是用挑稻的"担绳"（带担钩的绳子）把一个个稻捆在一起，一般每担一边有 18 个稻，用扁担（一般用树扁担）把稻穗从田里挑到打谷场。

轧稻，就是把挑到打谷场的稻穗用轧稻机将稻谷脱粒。一个轧稻班组一般由9人组成，其中轧稻5人，后面搬稻、打缚捋、捆柴2人，前面清理稻谷2人。

"双抢"期间，轧稻大部分在晚上进行，一是为了避开白天的高温，二是为了抢晚上的时间。晚上轧稻，一般从19:00开始，到23:30结束，全体社员轮流进行，大家都知道自己的轮班顺序。轧稻期间没有休息，但大家相互之间会主动轮换工种，这种轮换工种，就是一种休息。

割稻、缚稻，主要是全劳力妇女的工作，虽然劳动强度不算最大，但在高温烈日下一时弯腰，一时起立，你追我赶坚持劳动并不容易。从泥泞的田岸上把沉甸甸的水稻挑到打谷场，则主要是全劳力男人的工作。在田里，他们全身被汗水湿透，喝多少水也不能解渴，你必须跟随队伍前行，不能落后，也不能轮空。

在无风的田角里面朝黄土背朝天种田，田里的水表温度达到50—60摄氏度，汗流浃背、酷暑难熬，脚上还经常会被蚂蟥和"湾尼虫"（水蝎子）叮咬，你的身心必须坚持，也不得不坚持。

"双抢"时，由于手足长期在水田里浸泡，很多人出现"烂手烂脚"现象，经常鲜血直流，疼痛难熬。但为了参加"双抢"劳动，这种情况并不算什么，必须忍痛坚持。那时，"紫药水"（甲紫，也称烂药水）是治疗"烂手烂脚"的唯一用药，因此，经常可以看到有人手脚上涂有"紫药水"，特别是"双抢"的后期。到了"双抢"结束时，大家的手脚皮肤和指甲表面，都形成了一层厚厚的"肥料黄"，很长时间才能恢复原样，如果为了"爱美"，就要用刀片轻轻刮除指甲表面。

"双抢"种晚稻的顺序基本与早稻一致，这里不再赘述。

图 2-35　稻场轧稻

图 2-36　田间轧稻与挑谷

图 2-37　清理稻谷（扬谷）

"双抢"期间，小队长经常会根据实际情况，及时调整工种安排，特别是遇到雷阵雨突然来袭时，就会组织劳力全力以赴把晒谷场上的稻谷临时堆起来用薄膜覆盖，或用簸箕运到屋檐下和室内，防止稻谷淋湿发芽变质，也会集中劳力把稻田里的稻穗挑到脱粒场上，这样可以避免稻穗被雨淋后增加重量而费力。

白天的晒谷场，也是"双抢"工作的重要组成部分。晒谷、扬谷，一般是老年妇女干的活。

"双抢"，不管你从事何种农活，整日衣服湿了又干、干了又湿，身上飘来阵阵"汗水的气息"。大家最盼望的是台风的到来，因为台风来了，气温就会下降，在田间劳动就会舒服很多，当然也担心台风降雨时间过长，影响稻谷晒干和"双抢"进程。

"双抢"期间，孩子们也会无条件（也是无奈）贡献自己的绵薄之力。他们在家里负责带好弟妹、喂养牲口等家务，把中午和晚上食堂的饭菜带回家，把生产队分给每户的稻草搬（挑）回家。为了及时晒干稻柴，用3个稻柴扎成"倒寻柴"（原来1个稻柴在根部缚住，改为3个稻柴在梢部扎紧，此过程称为"扎柴"），晒干后叠成小草堆，等"双抢"结束，再叠成大草堆。

"双抢"期间的下乡店，是供销社为方便广大社员而特别开设的。下乡店供应的主要有菜油、盐、酱油、咸齑、榨菜、酱萝卜、豆腐乳、皮蛋、咸蛋、蚊香、蒲扇等日常生活用品。

"双抢"生产队的托儿所，也是临时组织的。所谓托儿所，就是把一群小孩放在一起，由一位年长者帮助看管，让家长放心在田里干农活。生产队托儿所没有食物供应，更没有教学内容，孩子的摇篮、坐车和孩子的食物等都需要从孩子家里带来。

"双抢"生产队的食堂，是为广大社员集中精力做好"双抢"，帮助解决全体社员一日三餐的场所。到了用餐时间，挨家挨户都到食堂提取饭菜。"老虎灶"是食堂最基本的配置，食堂墙上的黑板，每天预告明日菜肴的品种，一般三天左右食堂供应一次大肉，能够吃上大肉是非常奢侈的事。每天晚上，每家农户也会在黑板上填报下一日三餐的饭菜品种和数量，并提供盛饭的器具（饭篮），写上姓名。食堂一般早上、中午提供米饭，晚上提供稀饭。食堂还供应田间的茶水，专门有人适时送水、补水。

"双抢"快结束的最后2—3天，小队长会与大家估算好剩余的工作量，所以，最后一天往往提前收工，大家可以按时或提前吃上晚饭。

瓜田，主要种西瓜和小瓜（甜瓜），供生产队全体社员享用。在瓜即将成熟时，生产队就会在瓜田里搭设临时看瓜棚，晚上安排值班人员住在这里看瓜。瓜成熟一批，就采摘一批，按工分分给每家农户。瓜分配时，大小、好坏均需合理搭配，避免社员产生纠纷。"双抢"最后几天，瓜田已基本采摘完毕，瓜田就是"双抢"最后一批耕种的晚稻田。

"双抢"最后一片瓜田种田的一道工序，就是绕田丝绳。绕田丝绳，是把经在田里的绳，绕在一根长度约45厘米的小竹竿上，绕的方法先是围着竹竿绕几圈，然后斜着竹竿按上左下右或上右下左轮着绕，这样绕绳的目的是下次经绳放绳时速度会更快，也不易搞乱。种田完成，放水员还要给刚插好秧的苗田里放水。此时，大家一定会一阵欢呼，心情就像刚打完了一场胜仗一样，神情一片轻松。

"双抢"期间，农民的艰辛可以用没有任何水分的四个字来概括——"艰苦、奋斗"。凡经历过"双抢"洗礼的人，说起"双抢"都感慨万分，在此后人生路上碰到困难，都能克服化解，我们永远不会忘记"双抢"时的劳动场景。"双抢"，练就了我们这一代人特别能吃苦、特别能战胜困难的品格，增强了我们战无不胜的战斗意志，特殊的经历，给了我们宝贵的人生精神财富。

"双抢"结束后的2—3天，生产队里会组织社员进行扛聚，也是一年的第二次扛聚。菜肴的标准如同春节一样丰盛，扛聚主要是慰劳自己，大家自己动手，不亦乐乎。

（八）夏日趣事

夏日里，也是晒制"梅菜干、大头菜干"（将腌制后的芥菜、雪菜、大头菜在太阳下晒干的菜）的好时候，烈日下晒制后的梅干菜、大头菜加油，放在饭锅的蒸架蒸熟后，就是很好的下饭菜，也是农家一年四季最常食用的菜。农家人外出、学生读书带的菜，基本上是晒干后的梅干菜或大头菜。

夏日里，把做好的豆糕放在家里阴凉处一段时间，使其自然发酵（出毛），然后把出毛洗掉，放在口子较大的缸里用开水加盐冲泡，在缸上面用罩子盖着，防止苍蝇、蚊子进入，再让其继续发酵，之后再慢慢加盐，一直到口味合适为止，发酵成为豆糕酱。豆糕酱是面条的最佳调料，也是一种很好的农家调味品。

图 2-38　晒干的大头菜

有水的地方就有"田鸡"（青蛙），它们最喜欢在灌水耕田后的水田里放声歌唱，当成片的水田灌水后，田鸡群体发出呱呱呱的叫声，声音响彻整片田野，仿佛在进行团体大合唱，尤其是到了夜深人静的晚上，这种蛙叫声，成为农忙时节特有的"背景音乐"。夏日的白天，知了也在高声地叫着，它们的声音与气温的高低成正比，正午时分，达到高潮。知了与晚上田间的田鸡叫声，昼夜互动，形成了夏天乡村独有的歌颂旋律。还有晚上收工回家，到河里洗漱、游泳，萤火虫在漆黑的空中飞舞。它们给夏日带来了非凡的热闹与生机，好似在为社员们鼓劲、加油、助威。

这个季节的白天，孩子们也没闲着，很多时间在竹园里纳凉、玩耍，在几根竹子之间用草绳把它们绑成空中垫子，如同现在夏天海滩边椰子林之间挂着的睡网，尽情地享受竹子与自身重力之间摇动带来的乐趣。为了吃上凉爽可口的西瓜，孩子们把西瓜放在篮子里，然后在篮子上系上绳子，放在水井里冷却。

夏天，在垄沟或河道里游泳，也是一件很享受的事，绝大部分农村孩子都是在垄沟里学会游泳的。孩子们可以在水里打水仗、享清凉，还在水中比谁的水性好（人潜在水下的时间长短），比谁能以最快的速度从河底摸到河泥。有时，几个顽皮的孩子甚至还把停在河边的小木船合力让其"翻身"，以显示他们的力量来逗乐，现在想想这是一件很危险和后怕的事。那时，乡下的男女老少基本都会游泳。

天黑以后，温度下降，大一点的孩子们就用"弯笼"（一种用竹篾编制的L形抓黄鳝、泥鳅的器具）捕黄鳝、泥鳅。第一天傍晚把弯笼放在水田岸边，把2/3的弯笼沉到水里，留好笼口引导位置，使黄鳝、泥鳅只进不出，我们叫"张弯笼"。第二天早晨去收回，一般情况下，一个晚上下来20只弯笼能抓2—3公斤黄鳝、泥鳅，如果是阵雨后的夜晚，收获会更多。还有在天黑以后，黄鳝、泥鳅出来捕食时，用煤油灯照明，自制夹子和网兜抓黄鳝、泥鳅。

抓黄鳝、泥鳅，除了自己家里吃以外，多余的可以去城里出售。每公斤黄鳝可以卖5—6毛，每公斤泥鳅可以卖4—5毛，也是一笔不小的收入。家长常把这些收入作为孩子上学的学杂费，有多余的由孩子自由支配。

盛夏能够吃上4分钱1支的赤豆棒冰，是多么美好的享受。那时，村里每隔一天便会有人从城里到乡下来卖棒冰。棒冰放在一个木箱里，箱内用棉被垫好保温，卖棒冰的人会单肩背着棒冰箱来村里，用木块敲打箱子，并吆喝：棒冰要哇？孩子们则会等候着他的到来。突然有一天，昨天来过今天又来了，可是，手头只有2分钱，怎么办？只有跑到田里向母亲要，被母亲一阵臭骂后，2分钱要到了。等到再回到那里，卖棒冰的人已经离开，只有沿着那条卖冰棍人回去的田岸上继续追赶，见到他的身影就喊："买棒冰！买棒冰！"他放下架子，把棒冰箱放在上面等候。此时，心里只想着早些吃上冰凉爽口的棒冰，一不小心突然在田岸上摔了一跤，其中的2分钱掉进了水田里。这下可完了，怎么办？摸啊摸，终于摸到了那2分钱。由于存放时间过久，棒冰已开始融化，他把原本卖4分1支的棒冰降为3分。这时，一手接回他找回的1分钱，另一手接住他给的棒冰，颤抖的小手一不小心把棒冰掉在田岸上，一根棒冰成了两段。于是，只有心疼地迅速捡起棒冰，把它裹在纸里，一口糖水、一口泥水，尽情地享受着那根棒冰带来的快乐。

夏日的傍晚，为了降温，大一点的孩子会在自家晒谷场上浇上水，清除场上的稻草，然后把桌子、长凳从屋内移到场上，等待父母收工回来，露天用餐、纳凉。用餐后孩子们就躺在桌上玩耍、数星星，用竹竿"捅星星"。玩到差不多时，妈妈就为孩子们打扇，不知不觉中躺在妈妈的怀里进入梦乡，然后，妈妈就把孩子抱到床上睡觉。遇到天气特别炎热时，就直接在室外的场地上搭上竹榻，架上蚊帐，睡在户外，孩子们朝着天，正好数天上的星星。夏日里，农村的蚊子特别多，尽管有蚊帐，但总有蚊子进入。妈妈为了孩子不被蚊子叮咬，也怕蚊香点燃后有味道并引起火患，在孩子睡觉前，妈妈就会用油灯火烫蚊子，等到蚊帐内的蚊子全部烫完后，妈妈再出去干家务，这时，孩子则安静地睡着了。

三、秋季

"双抢"完成后,即进入秋季。秋季,是晚稻的主要生长期,时间长达3个多月,比早稻长很多,对晚稻的管理要求基本同早稻。秋季,是惯粟、攀粟和南瓜的收成时间,也是寒雪菜的播种和秋蚕的饲养时间。此时,

图 2-39 铜饭盂

虽然田里活儿不多,但岗地上的活儿是全年最多的时候。秋天,农民并不闲着,只是从轰轰烈烈转入默默无闻,是"看不见"的农忙。因此,农民永远在农忙和农忙的准备之中。

秋季,有许多重要的传统节日,如七夕节、七月半、中秋节、重阳节等,这些节日强调的是感情、感恩、团圆和责任,教育人们做真实、善良、勤奋之人,懂得爱与奉献,懂得责任与担当,懂得"天地君亲师"之位。老人们常说这些节日,但除了大家都过七月半外,其他节日只在心里过。那时的农民没有在节日期间改善生活的条件和习惯,节日生活与平时一样。亲戚朋友之间,也没有走动送礼的习惯。欢度国庆,是学校和孩子们的事,商家也没有节日促销活动。

秋季的开始在立秋,结束在立冬前。立秋后,意味着降雨、湿度趋于减少或下降,民间有"一场秋雨一场凉"之说,家长也不允许孩子再到河道里游泳。立秋后天气开始凉爽起来,但真正感觉凉爽,要到秋分节气之后。进入深秋,白天艳阳高照,夜晚

清凉干燥，进入秋高气爽之时，早晚温差较大。

秋天，是播种和收获的季节，景色格外宜人，也是回味的季节，让人们的生活变得更加丰富多彩。

（一）枭谷

"双抢"结束后，小队仓库里已堆满了晒干的稻谷。

此时，交公粮、卖余粮已提上了议事日程。河道里来来往往的手摇枭谷船，队伍蔚为壮观，一派繁忙的景象。

图 2-40　谷箩

稻谷被从生产队仓库用"谷箩"（一种用竹子制成的存稻谷类器具）一担一担挑到船舱里，这是男子全劳力才能干的重活。当装满稻谷的船摇到公社粮站踏垌时，枭谷船已是里三层外三层，踏垌头早已挤满了争先恐后的枭谷船只，好不容易挤进了粮站的踏垌，还要排队，等待检验稻谷的干湿度。验收合格后，才能把稻谷磅秤收进粮站粮仓。粮站的检验员，是农民枭谷最关键、最吃香的人物，稻谷合格与否（可上可下）全由他说了算，如果检验不合格，就要再摇回生产队把稻谷重新挑上岸晒干再去，遇到这种情况，枭谷人

图 2-41　粮站前的枭谷船

一定垂头丧气,三天没有好心情,但也无可奈何。

稻谷检验合格,从船舱挑起每担重量达 90 公斤以上的稻谷到达粮仓指定地点,要经过踏垌台阶和 1—2 道过渡挑板,水平运距有 100—200 米,倒出稻谷的那一刻,挑谷人已双脚发软、浑身无力。如果顺利枭谷回来,摇着空船,虽然人累但心情舒畅,行船速度也比来时满船快多了。

那时,惯粟、蚕豆也可以作为粮食指标出售,但本地总量不多。

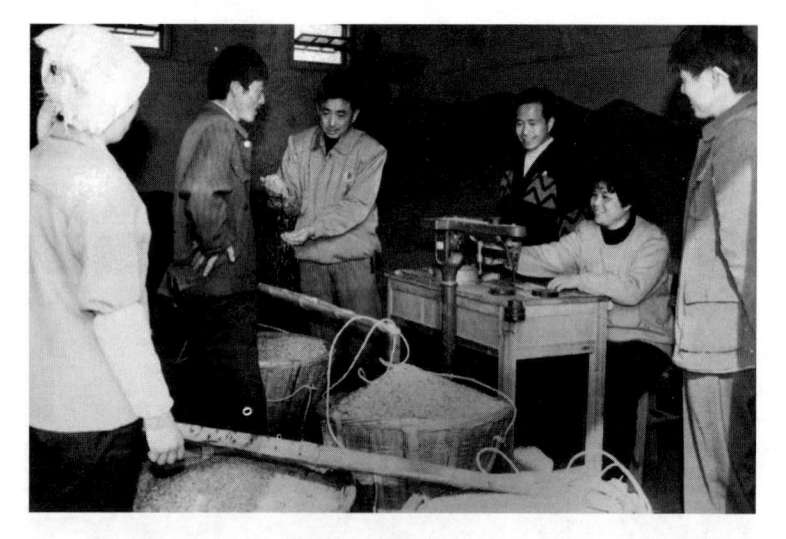

图 2-42　检验稻谷

（二）杂粮收成

入秋后，家里自留地里的惯粟、攀粟和南瓜等杂粮已经成熟并开始收获，它们的种植范围仅在自留地上，因此，这些作物的种植数量较少，惯粟是本地种得比较多的杂粮。自留地即是靠"田横头"（田的端部）、河道边的"岗地"（旱地），比水稻田地势要高一些。那时，经济作物都种在岗地上。

惯粟成熟后，在离惯粟穗梗 0.8 米左右处剪断，然后放在晒谷场上晒，待其干燥到一定程度后，在晒谷场上用"领条"（用竹篾编制而成的围领）围成圈，用人工摔打惯粟穗，使其脱粒，进一步晒干后，惯粟就收获完成。脱粒后的惯粟穗，就是做扫帚的材料。惯粟梗的剩余部分，等到垄岗收获后晒干做柴料。

攀粟主要供当季农家自己食用，熟了就分批采摘。攀粟主要种在南瓜地的周围,种植面积和收割工作量不大。

南瓜表皮从青色变为黄色,说明南瓜熟了,就要分批采摘收成,并把它存放在屋内。青南瓜和成熟的南瓜有各种吃法,成熟的南瓜可以用来做南瓜粑粑吃,也可以烧南瓜做点心吃,但更多的是作为猪的饲料。把南瓜子洗好晒干,炒熟后就是春节招待客人和孩子们最好的零食。

"双抢"完成后,早稻柴、惯粟梗、攀粟梗等也已晒干。把早稻柴的小草堆叠成圆形大草堆,把惯粟梗、攀粟梗捆起来放好,叠成草堆,也是必须做的工作。早稻柴主要用作猪羊圈里的垫料,每家每户都有一把铡刀,每天用它铡稻柴垫猪圈,让猪有一个相对干燥的环境。惯粟梗、攀粟梗则主要用作土灶的燃料,也是较耐火的柴料。

（三）寒菜播种

8月25日左右（一般在七月半之后）,开始准备萝卜、雪菜、大头菜等秋季作物的播种,其中,萝卜一次播种,不必移栽即可完成。由于初秋的气温仍然很高,农民们每天早晨或傍晚都要为刚播下的种子浇水,保持土壤湿润,这样才能保证种子按时发芽长苗。

雪菜、大头菜等秋冬季作物,经过一个月以上的育种期,在9月底左右（国庆节前后）就可以拔苗移栽了。移栽前,先要对刚刚收完的惯粟、攀粟、南瓜地用"垄岗铁锈"（一种铁制4齿的垄岗农具）翻地,然后用"捋岗铁锈"捋平。地塄头整平后,用"铁杵"（一种头部为圆锥形的铁制种菜打孔农具）在地上打孔,然后把雪菜、大头菜苗种在孔内,并用手让泥护住菜苗,菜就种好了。

图 2-43 垒岗铁铬

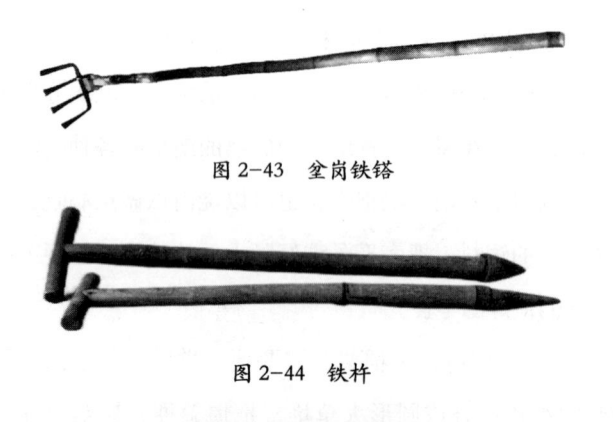

图 2-44 铁杵

图 2-45 粪桶与扁担

刚刚种下的秋冬季作物，早期需要大量浇水，待它们生长到一定程度后，就要浇"粪清水"（大粪＋水），一般一只粪桶内加1—2勺子大粪浇水。这个季节，是全年降雨量最少的时期，干旱的庄稼地里，每天都要为秋冬季作物浇水，是农民们的主要工作。这时，田岸上、地头里，到处可以看到农民们挑着粪桶，匆匆忙忙来回走动的身影。如果此时下一场秋雨，那一定是一场及时雨，可以大大降低农民的劳动强度。

秋冬季作物的生长后期，还要在作物周边松土、拔草、施肥，保证其营养吸收和良好生长。

七月半，家里就要举行全年的第二次祭祀。

中秋期间，还要到刘王庙烧香，也是家乡的重要活动。

（四）中秋节

在千百年的传承中，中秋节的礼俗与众多神话传说以及传统文化中的诸多因素相连，文人墨客借此留下了众多诗词和文章，最终"阖家团圆"成为现今中秋节的主要内涵，因此，中秋节探亲成了重要的节日活动。但是，由于条件有限，大家只知道中秋节是吃月饼的日子，实际上都没有月饼可吃，农村的商店里也没有月饼可售，也没有远距离的亲戚可以团圆。

中秋节虽然吃不到月饼，但知道晚上的月亮最圆可以赏月。虽然"月明星稀"，但晚上在晒场上，母亲指着明亮的天空，告诉我们这颗是"踏车星"，那颗是"扫地星""牛郎星""织女星"……还让我们猜谜语："铜墙门，白'乌槛'（门槛），'癞斯'（癞蛤蟆）瘫在里头'瘫两瘫'（动几下）。"大家猜猜这是人体的哪个器官？（嘴巴）还有一个谜语："洋钿大，粉皮薄，家家户户二三百。"有人猜到了，答："壁喜窠"（木构件上的圆形白色虫穴）。出谜人："着（溅）到你一嘴巴。"这时，大家一阵哄堂大笑。

（五）采菱

秋季江南水乡曲曲弯弯的河面上，随处可见密密麻麻碧绿的菱荡，荡面在阳光的照耀下看起来极富诗情画意。八月半前后，菱角已经成熟，河面上飘来阵阵凉风，菱荡就成了一片绿荫，一只只漂动的菱桶，不断地将菱叶划开，菱桶里端坐着的姑娘、嫂子，她们一边用木桨轻轻划动菱桶，一边随着菱桶采菱。采菱的过程轻松、惬意，歌曲《采红菱》就是描写了这样的情景。

今天采过，再过一周，又可以再来采菱，一般菱荡一年可采摘 7 次，菱角的采摘期有 1 个多月，新鲜的菱角也是一道地方美味佳肴。到了 11 月初，就要把老菱叶和根茎收拾并作为肥料，这叫清荡。清荡还会叫水产大队围着菱荡拉一网，可以捕到一夏天在菱荡中的鱼虾。

一些菱荡水面较大的地区（如南湖），为了保持菱角的新鲜可口，采菱都是在后半夜进行，等到早晨，把采摘上来的新鲜菱角送到市场销售，因为隔夜菱吃起来的口味就大打折扣了。

图 2-46　菱桶采摘

那时采摘的菱角，都分给每户农户，如果新鲜菱角吃不完，老菱还可以做"酱皮菱"（菱角表面老皮洗净），生吃或煮熟晒干后吃就是很好的零食。

（六）秋蚕

9月初，秋蚕蚕种发到各个生产队，又开始饲养蚕宝宝了，秋蚕的养蚕过程基本同春蚕。在10月初，供销社茧站又开始收茧子了。

（七）春菜播种

每年的9月25日至10月5日期间，下一年的春季雪菜菜籽要开始播种。在11月15—30日开始移栽，种收等过程也与寒菜类似，春季雪菜的生长时间长达5个多月。

（八）秋的记忆

秋季，也是抓捕田鸡（那时尚未对田鸡、麻雀、黄鼠狼等实行禁捕，老百姓的环保意识还没有）的好季节，在河道的水滩边、羊头草上和田间出空的河泥潭、水沟中，是田鸡最爱待的地方，在这些地方走上2—3小时，能抓上20—30只田鸡。田鸡肉嫩味鲜，是老少皆宜的一道美食，毛豆炒田鸡、雪菜炒田鸡是最常见的田鸡吃法。

孩子们能吃的零食主要是自家种的蚕豆、南瓜子、葵花子等。这类零食是孩子们的最好"搭档"，也有各种做法，它们陪伴了孩子们整个儿童和少年时代。这些零食炒制、携带方便，每隔一段时间，孩子们就要求母亲炒一些这类零食来解馋。如果右手溜着"铁箍"（固定木桶、锅盖等的圆铁环，用一根小竹竿加钩子在地上滚动），左手从兜里拿出零食吃，就是一种非常惬意的享受。遇上小伙伴，他们一定会投来羡慕的目光，关系不错的，就跟他们一起分享，关系一般的，则"忍着"不吃，即使他们向你要，也只给数粒或者不给。

　　深秋季节，番薯收成，也是人们最好的零食。那时粮食紧张，番薯可以煮饭吃。放在蒸架上蒸熟或放在灶里煨熟，可以作为点心吃。番薯削皮后，可以作为水果吃。番薯切成条加油、盐，在蒸架上蒸熟，可以当菜吃……我们这一代人对番薯的各种吃法都尝试过。在那个年代，它是除了大米以外最主要的食物。1990年后，城里出现用轮子推着的烤番薯小商摊，很多城里出生的人（包括我们的同龄人）觉得烤番薯味道香糯，非常好吃，但对于我们农村出生的人来说，对番薯的感情，可以说一言难尽、感情复杂。因此，它对于我们的情感和作用，在不同时代是不一样的。

　　夏末初秋，小伙伴们常常会在惯粟、攀粟还没有收割之时，模仿战争电影《平原游击队》《地道战》《地雷战》《小兵张嘎》的场景，分成两个队进行打"日本鬼子"的游戏。两队的伙伴拿上自制的手枪、红缨枪，利用惯粟梗、攀粟梗等青纱帐做掩护，也利用墙角转弯、稻草堆等来做隐蔽，攻击对方。以先发现对方"砰"的一声"射击"为赢方，被"击毙"的人退出战争，直至把对方全部"击毙"为胜方。输的一方为"日本鬼子"，赢的一方为"八路军"。要想取得战争胜利，"打仗"时还真的需要一些迂回包抄、出其不意、调虎离山等战略战术。

秋季，小伙伴还会玩打弹珠（玻璃弹珠）的游戏。秋天气候干燥宜人，泥场也很平整，小伙伴会在泥场上挖3个间距相同的小潭，以先进3个小潭一圈为胜方。在自己进潭的同时，还可以把对方靠近小潭的弹珠打跑（用弹珠弹出弹珠），增加对方进潭的难度。每一次进潭的弹珠，可以连续操作，用手掌跨一跨，作为起点拉近自己的进潭目标和攻击对方弹珠的距离，提升进潭和攻击效率。在多人玩时，可以分成两组进行团体竞赛。

那个年代，由于大家经济条件普遍较差，学生的学杂费有免除指标，但需要通过大队"贫管会"（贫下中农管理委员会）集体讨论决定，家里条件较差的学生家长，经常去大队书记等干部那里"诉苦"，以争取免去孩子每学期不到3元的学杂费。

9月1日，是学生新学期的开学时间。孩子们学习的课程非常简单，小学有语文、算术、美术、唱歌、体育。美术课没有教材，只有练习簿，图画好后，收取练习簿，老师批语。唱歌课在一本练习簿上印上歌词，并根据教程，随时添加新的歌词。体育课根据课程不同，活动内容相对较多。

初中有语文、数学、政治、化学、物理、唱歌、体育和劳动。那时很少有课外阅读书，市场上也没有见过"四书五经"和"四大名著"，直到2000年左右，新华书店也没有见到《论语》《弟子规》《三字经》等最普通的历史经典之作。

我们这一代农村娃，没有上过幼儿园、没有喝过牛奶，也没有赶上补习班和学钢琴、学画画、学舞蹈的年代。但儿时无忧无虑的自由时光像空气一样，充盈在家乡的每一个角落，让我们释放和分享了完全属于自己的快乐世界。

放学回家,孩子们没有多少作业,每天的主要任务是割草、烧夜饭、收拾晾晒作物等。青草,可以作为猪羊兔的饲料,也可以成为猪羊兔的灰,为家里挣点工分。因此,一有空孩子们就要出去割草。乡间每一块熟悉的田间地头和"垄沟"(放水的渠道)、水滩边、连坑缸旁、坟头边的杂草都被孩子们割得干干净净。

孩子们割草时,有固定的伙伴结伴而行。在割草的同时,也经常玩耍,各个季节有不同的玩法。比如冬季在"白河泥潭"(河泥沉淀后的淤泥肥料)上,用割草的镰刀"玩撩点"。玩撩点就是抛出镰刀,不倒者为赢;全部不倒,以远为赢。赢家得到一把青草;反之,就输一把青草。如果全部倒下,则须重来。有时玩耍时间过长,天色已晚,但只割了一点点草,怕被父母"教训",就会急急忙忙、慌里慌张。通常割满"羊篰"(存草的圆形竹制器具)、过足玩瘾,已到傍晚炊烟袅袅、鸡犬相闻的时刻。在晚霞的映衬下,除了冬季,孩子们都光着脚丫、弯着小腰、背着草篰,心满意足地慢慢回家。

农闲时,生产队会组织社员(通常为妇女)摇船到外地去割草,称为摇船割草。摇船割草也有一种忙里偷闲的开拓视野乐趣。割草回来,把青草晒干捆好,然后存放起来,作为冬季耕牛的饲料。

四、冬季

初冬,晚稻已经成熟,又是收获的季节。每年的11月初开始收割晚稻,种植麦子、油菜、蚕豆等作物,这就是秋收冬种,也是全年最后一个农忙季节。秋收冬种虽然同是农忙,但由于气候宜人,在干燥的田间作业,再加上时间也相对宽裕,因此,劳动强度和环境与"双抢"相比好多了。

图 2-47 脚炉

立冬,拉开了冬藏的序幕。冬季的开始在立冬,结束在大寒前,其气候由秋季少雨干燥逐渐向阴雨寒冻的冬季气候转变,白天也变得短起来,冬至日是全年日照时间最短的日子。此时万物凋零,是自然界的闭藏季节,因此,冬季是最好的进补时节。

冬季的主要节日是冬至,在秋收冬种完成不久,冬至节悄悄来临。不知不觉中,已进入寒冬腊月、瑞雪纷飞之时,也是农民积肥做农闲活最好的时候,罱河泥、扎扫帚、编草鞋、搓草绳、做鞋子……一年即将过去,也到了准备年终分红和过大年的时刻。

（一）秋收冬种

晚稻收割后，一般会让其自然晒干1—2天，然后把稻穗一把一把缚起来。晚稻由于比较柔软，可以不用稻柴直接用稻缚起来。缚好的稻，再把它一堆一堆叠在田岸上，称为"叠稻堆"，让其继续在寒风中自然吹干。稻堆叠好后，同样要把散落在田间的稻穗捡起来。晚稻的收割基本与早稻一致。等到麦子、油菜田播种基本完成后，再把晚稻挑到打谷场脱粒。

晚稻收割后，首先播种大、小麦。

大、小麦田，以晚稻收割后的两埭田宽度为一个塄头，用"板齿铁锗"（铁齿端为板状）垄田（薄片深翻）、破细、提沟，使麦塄头整平，最后在塄头上播麦种。

每亩麦田播种量约12公斤。年底时，在麦塄头上再撒一层磷肥＋草皮泥，基本就可以保证麦子的正常生长了。麦田一般不必灌溉，利用天然雨水就可以保证麦子的正常生长，因此，麦子不像水稻那样，养护、管理都非常简单。

1980年后，简化了麦塄头的做法工序，麦种直接撒在晚稻田上播种，然后均匀铺上一层猪羊灰，用开沟提上来的泥撒在麦塄头上，破成乒乓球大小的土粒即成。麦子播种的过程虽然简单了，但麦子的产量与此前的"精耕细作"基本相似。

种油菜、蚕豆在麦田之后，时间相对晚一些，油菜、蚕豆塄头的做法基本类似麦田，即垄田、提沟、整平，然后用"豆拐"（一种下面为圆锥形的木制打孔农具，类似铁杵）在塄头上打孔，移栽的油菜根用食指顶粘在孔底壁上，发芽的蚕豆播放在孔内，随后把土捂好。

播种花草田，最为简单。就是在收割后的晚稻田里适时撒上花草种子后，让其自然生长。

生产队主要解决社员的粮食问题，晚稻谷收成就是社员自用的口粮。因此，稻谷脱粒、晒干后，就要轧米，然后按人头和口粮指标分给每户社员。晚稻米比早稻米更糯软、口感更好，如晚稻口粮不够，那就要用早稻米代替了。生产队轧米是轮流的，轮到轧米的人，可以在加工厂免费吃饭，这也是轧米人的一种福利。

秋收冬种时，我们最向往的就是早早地吃上用当年收成的晚稻米煮成的第一顿菜煮饭，吃上香喷喷、软绵绵的新米饭，准保你不用菜肴就能吃上两大碗，让你把肚子吃得撑撑的"动弹不得"。

秋收冬种完成后，晚稻柴也已晒干，这时，就需要及时叠晚稻柴草堆。晚稻柴草堆一般叠成方形，晚稻柴比早稻柴耐火力，主要用于土灶的燃料。

（二）寒菜收成

深秋初冬季节，大约在 12 月 15 日，萝卜、雪菜、大头菜等（统称为寒菜），均开始收成。

成熟的萝卜需要及时收获，否则会使萝卜长成空心，这就降低萝卜的价值了。萝卜从地里拔出后，先要把萝卜与叶子、萝卜根分割，然后把萝卜放在加水的船舱里，用"柴拖把"（一种用稻草做成的拖把）清洗。船摇到自家踏埗时，萝卜也基本洗好了，萝卜的清洗比较容易，"湖泥水里洗白萝卜"就是这样来的。把洗好的萝卜放到筐里，再用河水浇几下清理干净，最后把萝卜挑到家里堆放。当晚，就可以穿萝卜了。

穿萝卜，就是把萝卜切成条，每只萝卜纵向切成4—6条，然后用萝卜针和麻线把萝卜条穿起来，形成萝卜串。

穿萝卜一般在晚上进行，邻里之间互相帮忙。帮忙的人吃过晚饭后就到主人家里。男人负责切萝卜，女人和半劳力负责穿萝卜，把穿好的萝卜串放在谷箩里拿出去，挂在预先准备好的架子上晾晒。

穿萝卜一般到晚上11点左右结束。在穿萝卜的过程中，一般主人会安排大家休息一次，并提供番薯、粑粑等点心充饥。帮忙的人最怕主人家"料多人少"（萝卜多，帮忙的人少），如果到晚上12点左右，人就感觉又累又冷。深夜帮忙的人回家时，地上已满是雪白的霜，在银色的月光下，走路回家显得特别寒冷，第二天干活也无精打采。

萝卜干晾晒若干天，蒸发掉一定水分，使其干瘪到一定程度后，就要称好重量，算好用盐量，然后把它放在大缸内腌制。腌制前，先在缸底撒一层盐，然后放一层萝卜干再撒上一层盐，不断重复，直至萝卜干放满缸。接着，就用人力踩踏翻转萝卜干，称为"踏萝卜干"，大约踩踏3小时，一缸萝卜干就踏熟了。

把踏熟后的萝卜干装进甏里，赤脚分层压实，同样下面垫"柴草鞋"，把甏倒放1—2天，使卤汁流干，然后用"撑菜棍"加料。加好料后，撒上一层盐，用菜叶盖面，上面再封"甏头泥"，一甏萝卜干就腌制完成了。

腌制后的萝卜干，须存放在阴凉干燥处。一个月左右，萝卜干经过自然发酵就有极佳的味道，并且可以到市场出售了。

此时，孩子们最想吃的零食是萝卜干卤豆。

萝卜干卤豆就是用刚腌制萝卜干的卤汁加蚕豆，用铁锅慢慢炒制而成。这种用萝卜干卤炒制的蚕豆，被烧熟的卤汁渗透，闻着香香的，舔着甜甜的，嚼着脆脆的，用拇指和食指搭一颗放在嘴里细细咀嚼，再舔一下两根手指，使人飘飘欲仙，味道好极了。

图 2-48 萝卜

图 2-49 大头菜

大头菜的腌制过程与雪菜类似。但大头菜在腌制前，还需要把它架在倒置的板凳角上，把大头菜破成4毫米左右的薄片。

图2-50 破大头菜

寒菜收获时因气温较低，采收速度相对可以缓慢一些，雪菜的腌制同前。

臭卤甏，就是在甏里存放腌制雪菜的汁，将刚腌制后的新鲜菜汁放进臭卤甏后，要用烧红的火钳放进去捅几下，这样可以杀菌并保证臭卤的质量。臭卤的汁最好是用腌制芥菜的汁。臭卤甏一般放在屋檐下的阴凉处，让它自然发酵。

豆腐干用一根稻草把它穿起来，苋菜梗切成小段，把它们放进臭卤甏内，经过一昼时的发酵，第二天拿出来放在饭窝里蒸架上加点菜油和糖（提鲜）蒸，出锅，就是一道特别美味纯正的江南农家菜。

（三）卖咸菜

"双抢"前和春节前，相对来说是农闲的时候，家里的男主人就要摇船外出卖咸菜（萝卜干、雪菜、大头菜），农家的经济收入，除了年终的生产队分红外，其他主要依靠社员自己的副业收入，卖咸菜是一年副业的主要收入。一般的家庭里，卖咸菜都由家里的父亲去完成。

卖咸菜，挣的是辛苦钱。"双抢"前，天气炎热、蚊叮虫咬，春节前，寒风刺骨、手脚冰冻。卖菜人还要自己解决吃喝拉撒，生活起居全在一条船上。

一副土笪、一根扁担、一杆秤、一只篮，就是卖咸菜的全部工具，卖咸菜的男主人腰间一只大皮夹，每家人家都有，是卖菜人必备的"收获"工具。那时，咸菜大概每公斤0.2元，一天也就卖3—5甏，如果开甏后当天卖不完，第二天就要降价。3甏多菜才能换成一张"大团结"（10元钱），卖菜人每天天蒙蒙亮就要出去出摊叫卖，等天黑回来后，把几分、几角、几元钱积少成多存起来，卖咸菜赚的钱是多么的不容易。

卖咸菜期间，正是学生们的假期，很多孩子会利用假期，帮助父亲看船。看船，就是孩子看管好船上的物品，一边帮助父亲做饭，一边做假期作业，也顺便去看看外面的世界。

咸菜销售的主要地区是嘉兴临近东北部，如盛泽、黎里、西塘、枫泾、青浦、南桥、泗泾、七宝等，这些地区离家乡有30—

70公里，远一点的还到苏州、上海市区。男主人常常一个人、一条船，十几天在外面漂流，困难和辛苦可想而知。

那时没有任何通信工具，男主人出去十天半月都没有音讯，唯一能得到的信息，就是同是卖菜人回家带来的信息，但为了全家人的生计，男主人不得不这样做。因此，家里人时常担心、挂念男主人的安全，盼望男主人早点归来。

男主人卖菜回家时，常常皮肤更黑、身体消瘦，特别是冬天，手脚开裂，手脚上贴上了满满的防裂胶带，想想在卖菜时还要用开裂的手去抓咸菜，这种刺骨的痛，让家人感觉特别心疼。但男主人从城里买来了火柴、肥皂（上海不凭票）等生活用品，特别是回家数现钱时，是全家人最开心的时刻。卖咸菜的收入，也是一户家庭除了年底生产队分红以外最大的一笔副业收入。

（四）罱河泥

冬季，是一年中最为空闲的时节，但勤劳的家乡人并未闲着，他们更多地在为新一年的农业生产、家庭生活等做着精心准备，期盼来年有一个好收成。

猪羊灰从生产队畜牧场或每户农家猪羊圈里挑出去，社员们采用"接龙"挑担的方式，挑到指定的河泥潭旁边。他们之中，在猪圈里装灰的人工作最辛苦，冬天也会汗流浃背。农家的猪羊灰运出门之前，生产队会指派一名司秤员，给每一担出圈的猪羊灰称重，记录重量。

罱河泥，一般在羊头草下进行，罱上来的河泥放在船舱里。寒风凛冽，在宽阔的水面上罱河泥，让你感受什么叫寒风刺骨，不干活，让你站着瑟瑟发抖。罱河泥通常由两个男全劳力组合，把罱好的河泥挑上岸放在河泥潭边的小潭内，用"撩子"（一种舀水浇水的勺子）均匀舀到河泥潭内，与猪羊灰、羊头草一起，一层一层堆叠，使其发酵腐烂，是农作物的主要肥料，最上层用河泥覆盖，称为"撩潭"。

图 2-51　罱河泥

还有一种积肥方式，就是把罱好的河泥，从船舱里用撩子舀到河岸边的潭内，再把它短驳，即用一根竹竿借力，竹梢上系上绳子与撩子连接，到更高一层的沟内，称为"採白河泥"，河泥通过自然重力，流往指定的田里，形成白河泥潭。

撩潭和採白河泥，通常是由女全劳力承担。

河泥潭里的肥料和白河泥是水稻田最好的土肥。

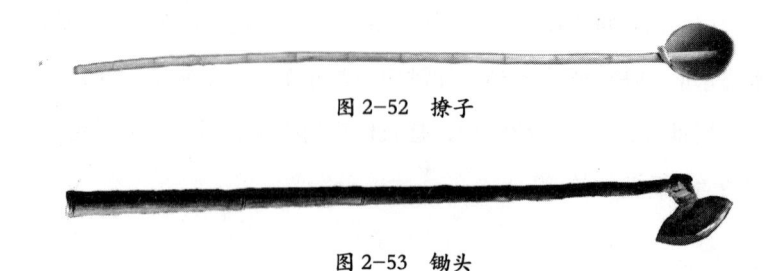

图 2-52　撩子

图 2-53　锄头

冬季，是一年之中重要的积肥期。积肥完成，除了部分羊头草留作下一年的种草外，其余羊头草和全部猪羊灰都会放在田间的河泥潭内，作为第二年水田的肥料储备。

罱河泥和撩潭、揿白河泥是最重的体力活之一，也是生产队里全劳力男女社员的标志活。

削草皮泥，就是用锄头（锄草削地的农具）把路边地头的杂草削掉（带部分泥土），是冬季最轻松的农活。把削好的草皮泥堆积在一起，经过一段时间的自然发酵后，点燃干燥的干草，也有焖的作用，这个过程叫"煨草泥"。等到麦田播种一段时间后，把它撒在麦田表面，或用草皮泥再加上磷肥搅拌均匀，放在油菜、蚕豆种苗的根部，成为"精准"的保温填坑和有机肥料。

冬至，家里又要进行全年的第三次祭祀活动。

（五）卖猪

春节前，也是卖猪、"捉猪"（买入小猪苗）繁忙的时候。卖猪，通常需要两人在猪圈里，先拉住猪的一只后脚，使其倒下，然后两人合作，把猪的四脚按前后两只脚捆起来抬到船舱里，摇船到镇上食品站出售。卖猪一般两家人家一起去，从镇上回来时还会带回猪饲料等物品。

那时食品站收购生猪的级别分为一级、二级、三级、四级，最常见的是三级猪。生猪级别的高低，决定了猪的单价，这全由食品站检验猪的人决定。收购一头合格的生猪，毛猪重量在60—65公斤，保证净重不小于36公斤，最低价为52.3元，折合每公斤1.453元。

饲养一头生猪，一般需要1年以上的时间。由于大部分人家手头拮据，因此，猪一旦到了合格收购的重量，便会匆忙去出售。卖猪，也是生产队和农家重要的收入来源。

有条件就要创造。为了增加收入，有一部分生产队的畜牧场和农家都会养母猪。养母猪的过程非常辛苦，特别是在猪崽刚出生时，为防止母猪压住猪崽，要有人日夜看护好猪崽。

猪崽长到1个月后，就要对其进行阉割。把阉割下的睾丸或卵巢洗净，也是一道美味佳肴。猪崽一般从出生到卖苗猪，需要饲养2—3个月，在每只重量达到10—12公斤时，就可以出售了。出售苗猪前，还要到公社兽医站开一个出售的证明，才能送到城里的小猪行出售。

（六）农闲活

农民从来没有闲着的时候，只要一有空闲，他们就会主动找活干。冬季，爷爷奶奶辈的老人们在家里修整农具、扎扫帚、编草鞋、搓草绳，而女人们则在家里缝补衣服、褙百子、纳鞋底、做布鞋、织毛衣等，这些活全由手工完成。

1. 扎扫帚

本地的扫帚，也称为"惯粟扫帚"，使用起来轻便，很受人们欢迎。扎扫帚就是给脱粒后的惯粟穗加一根绳子，下面加一根扁担借力就可以制作。扫帚的制作过程十分简单，大约半小时就可以完成一把。

这样的扫帚，在出去卖菜时，顺便卖给城里人使用。每把扫帚可卖2—3角钱。农民，就是这样一点点地积累赚钱。

2. 编草鞋

农民最为注重节约和实用，劳作的农民全年都穿草鞋。草鞋的功能，除了防止劳作时破脚外，还具备防滑等功能。如挑河泥、挑猪羊灰时走在田岸上，罱河泥时站在船板上等，穿上草鞋增加摩擦力，就能稳稳地站着安心劳作。

那时，每家每户都有人会编草鞋，编草鞋的原料是梳理好的早稻柴，用"草鞋耙"（一种带固定草绳圆齿的工具）固定在长凳的一端，编制工艺也比较简单。要做好一双质量较好的草鞋，需要从挑选稻草开始，每一道工序都要认真把控，这样草鞋的使用寿命就会较长。

图2-54 草鞋耙

很多年长的老人

还用稻草加鸡毛编制"蒲鞋"（相当于棉鞋），这样的鞋子冬天穿起来非常保暖。

3. 搓草绳

搓草绳的手艺非常简单，老少皆宜。

搓草绳就是将选好的稻草梳理好，然后用双手搓动，并不断添加稻草，使两股稻草绞合在一起即成。草绳在农家的用处多多，如"草棚"（草房）上固定稻草、养羊头草、种菱、固定草秧、搭豆架（长豆、刀豆、扁豆和黄瓜等作物生长的支架）作为藤蔓的生长指引等。

4. 做鞋子

那时，全家人穿的鞋子都由家里的女人们制作。做鞋子的主要过程有袼百子、纳鞋底、做鞋帮等。

袼百子，也称打袼褙，是制作鞋子和鞋垫的第一步。袼百子的过程对细节要求很高，每一层布片的粘贴都要求平整、均匀，以确保最终成品的舒适度和耐用性。袼百子的制作过程包括以下几个主要步骤：

（1）准备材料。收集旧衣物，把它们拆线、洗净、晒干。那时旧衣物都是存起来的。

（2）涂抹糨糊。将面粉加开水搅拌，做成糨糊并均匀地涂到晒干的旧衣料上，将涂抹了糨糊的布片一层一层地粘贴在门板上，一般为6层布片形成厚片。

（3）晾干。将粘贴好的布片放在太阳下晾干，或者放在通风阴凉处让其自然干燥，就成了百子。

（4）裁剪。根据纸样，把百子裁剪成鞋底、鞋帮等适当大小和形状。

纳鞋底。就是把一层层的百子叠起来,一般为5—6层,上、下层必须重合一致,然后一圈一圈或左右来回打线,纳成鞋底。

纳鞋底和织毛衣一样,可以在任何地方进行。勤劳的妇女们不管走到哪里,常常会见到她们手里挽着篮子,篮子里放着针线等材料,只要一空,她们就开始纳鞋底。纳百叶底时,为防止手汗等污染百叶,还用手绢护起来。

做鞋帮。鞋帮的制作,同样要用纸样裁剪成各式形状和大小。那时,流行"北京鞋""南京鞋""松紧鞋"。鞋帮确定后,用白布条沿边(封边),这样,鞋帮就制作好了。鞋帮的制作过程要求较高,也是决定一双鞋子美观和舒适的关键。村上的妇女常以能做漂亮舒适的鞋子并受到别人的夸奖而自豪。

把鞋底和鞋帮缝合起来,一双鞋子就制作完成了。

5. 做柴囤

需要选用青白干燥、较为柔软的早稻柴,然后一圈一圈添料围上而成。柴囤有大有小,根据需要制作,功能各异,全由制作人把控,柴囤主要有米囤、火囤、脚炉囤等。

米囤,是用来存放大米、谷类和饲料的容器,一般直径在1米左右,高度在0.8米左右。

火囤,是给还不会走路的孩子使用。火囤上小下大,主要是考虑稳定。火囤上面的内径在0.4米左右,下面的内径在0.6米左右,高度在0.8米左右。火囤下面放一排竹片,竹片离地约0.3米。冬天,下面放一个脚炉,可以用来取暖。脚炉的作用除了取暖外,另一个重要作用就是冬天烘尿布。

脚炉囡，就是让脚炉保温，也起到保护脚炉的作用。

（七）年终分红

每年的腊月初十左右，生产队便会开始分红，这是全体社员一年到头最盼望和最开心的时刻，也是春节拜年时聊天的话题。

每年分红前夕，生产队都会公布每户家庭的工分值，包括猪羊灰折合的工分奖励等内容，以此作为各家收入分配的依据。同时，也会公布生产队全年各种收入的明细，进而算出全年的工分值。一个男全劳力每天的工分为10—11分，一个女全劳力每天的工分为8—9分，全年的工分值即为每10分工分的收入。根据当年的收入支出情况，也会预测明年的工分值，称为"一年早知道"。

当时，生产队的主要收入来源是交公粮后的余粮、养蚕宝宝、畜牧场的生猪、生产队岗地上种植腌制的咸菜，其中卖余粮是生产队的主要收入，因此，那时田多、岗多（每人占水田和岗地的比例）的生产队，虽然劳动很辛苦，但收入就相对高一些。

每个生产队每人占有田地比例不同，工分值就有不同。每工活（10分工分）收入高的在1.0元以上，低的只有0.6元左右，扣除预支和其他费用，全年人均收入在20元左右，年底一家人有50—200元的分红就已经非常不错了。

年底分红"倒挂"（欠生产队）的农户不在少数。农民的收入还要依靠自家的副业收入。可见，那时如果农家要造房子，应付各种人情往来和家庭开支是多么的不易，农民的生活质量也可想而知。

到了年底，分红后的农家虽然在经济上得到一时缓解，但农民根本不敢乱花钱。农民的收入没有保障，"靠天吃饭"就是农民的"命"，也是农民真实的生活写照。因此，农民"精打细算""勤俭节约""吃苦耐劳"，养成了"小里小气、小农思想"的习性。仔细想想，对穷怕了的农民而言确实也是情有可原。

不管年底分红怎样，大家的生活水平相差不大。过年，都发自内心地高高兴兴。因为来年，就是新的期盼、希望和未来。过年前，家里添几样东西、几张年画，全家老少满满的幸福感，迎接过年的氛围也是自然浓烈。

（八）冬季忆旧

冬季，孩子们有新的"玩法"。寒风初起，是胆小机灵的黄鼠狼出没觅食的季节。黄鼠狼的皮毛很昂贵，记忆中那时每只黄鼠狼的皮毛价格为4.75元。那时的技术工，每天工资才2元，因此，对孩子们来说，冬季捕捉黄鼠狼很有诱惑力。捕捉黄鼠狼的方式有两种：一种是用搭棚的方式，另一种是用压杀器的方式。不管采用哪种方式，孩子们都用晒干的泥鳅作诱饵，让黄鼠狼自投罗网。搭设捕捉的位置，一般设在猪圈边等相对隐蔽的地方。如果每年能逮到1—2只，就非常幸运了。黄鼠狼屁的臭味，真是臭味冲天。

冬季，孩子们还经常拿着篮子和竹竿去敲"楝树丸"（籽），楝树丸是做酒的原料，这种楝树在家乡很多。这个季节，楝树叶子已被秋风扫落，高高的树枝上挂着一串串金黄色的楝树丸，特别显眼。人小树高，孩子们要敲到它还真不容易，把敲下来的楝树丸拿到家里，还要采摘下来。一个冬季下来能敲得20—30公斤楝树丸，去供销社收购站卖不足2—4元钱，非常不容易。

冬季，也是捉麻雀和摇麻雀的绝佳时节。这项有趣的活动，通常需要2—4人配合才能完成。捉麻雀，就是用手电筒照亮屋檐下椽子之间的空隙，麻雀会躲在那里一动不动，抓麻雀人也就顺手而得。摇麻雀，也是在晚上进行。就是用一张网两根竹竿垂直方向堵住竹园的一侧，摇麻雀人从另一侧用手摇动竹竿，使停留在竹枝上的麻雀朝同一方向自投罗网。一个晚上下来，抓上几十上百只麻雀是常见之事，抓来的麻雀主要是出售卖钱。

冬季，孩子们最为喜爱的游戏当数"民兵施术"。这种游戏规则就是把一帮同伴分成两组，每组4—5人，其中一组守，另一组攻，伙伴们会用力地守或攻，被抓到后还可以救，最终看哪组先守住或攻破则为赢。一轮结束了再重来，这种游戏只用体力，既简单环保又刺激暖身，有时哪怕被同伴抓破皮肤或衣服，大家也"无怨无悔"。

冬季，小伙伴还经常开展"扳洋片"竞赛。洋片就是把大人抽烟的香烟壳子折叠成三角形的纸片，互相扳洋片。即一方把洋片在地上放平，要保持洋片每边不漏缝，如果漏缝，极易被对方扳转。另一方将纸片对准对方的纸片，使劲扳（摔）下去，利用扳时一瞬间的风力将对方的纸片翻转。这样互相轮换，输的一方纸片就给赢的一方，小伙伴们常常玩得乐此不疲。

女孩们则钟情于玩"捉七"（用自制装有米粒的小包包，玩捉一至捉四等七种玩法）、踢毽子、跳绳、跳橡皮筋等。

年底临近，村子里总会有爆米花的人到来，家家户户也会爆

图 2-55 快乐的孩子们

米花，用它来泡"炒米茶"（爆米花加糖泡成的茶），也有农户用糯米自己制作"冻干"（把烧熟的糯米饭冷却后晒干，用手揉搓成米粒），用砂在铁锅内炒制炒米，再用筛分离出炒米和砂。自己炒制的米花比爆米花更香也不易煳，炒米花还有"炒发炒发"的寓意，这是春节客人到访时必备的一个礼节。大米经过米花机变成米花，是一个很刺激、很享受的过程，在米花机旁，总是围满了好奇的小朋友。

冬天，在自家廊檐下，看着雪景、晒着太阳，围坐在"脚炉"（一种铜制取暖器，在里头放着稻草灰或木柴灰作为"热媒"）旁，一边取暖，一边爆豆，好一幅儿时享受的场景。所谓爆豆，就是把蚕豆小心翼翼地放在脚炉的热灰中盖住，不多时，听到"嘭"的一声，蚕豆就爆熟了，然后就享用这种劳动成果。有时急于品尝，舌头上烫出了泡，也依旧"甘之如饴"，只因这种在脚炉里爆出来的豆比锅里炒的香多了。

下篇 百工礼仪

江南水乡和吴越文化滋养着家乡七星这块土地,人们世世代代在这里耕耘、织布、建房,在这里婚丧嫁娶。一直以为人活在民俗里,却不知民俗活在人们的心里,即便这些往事已渐行渐远……

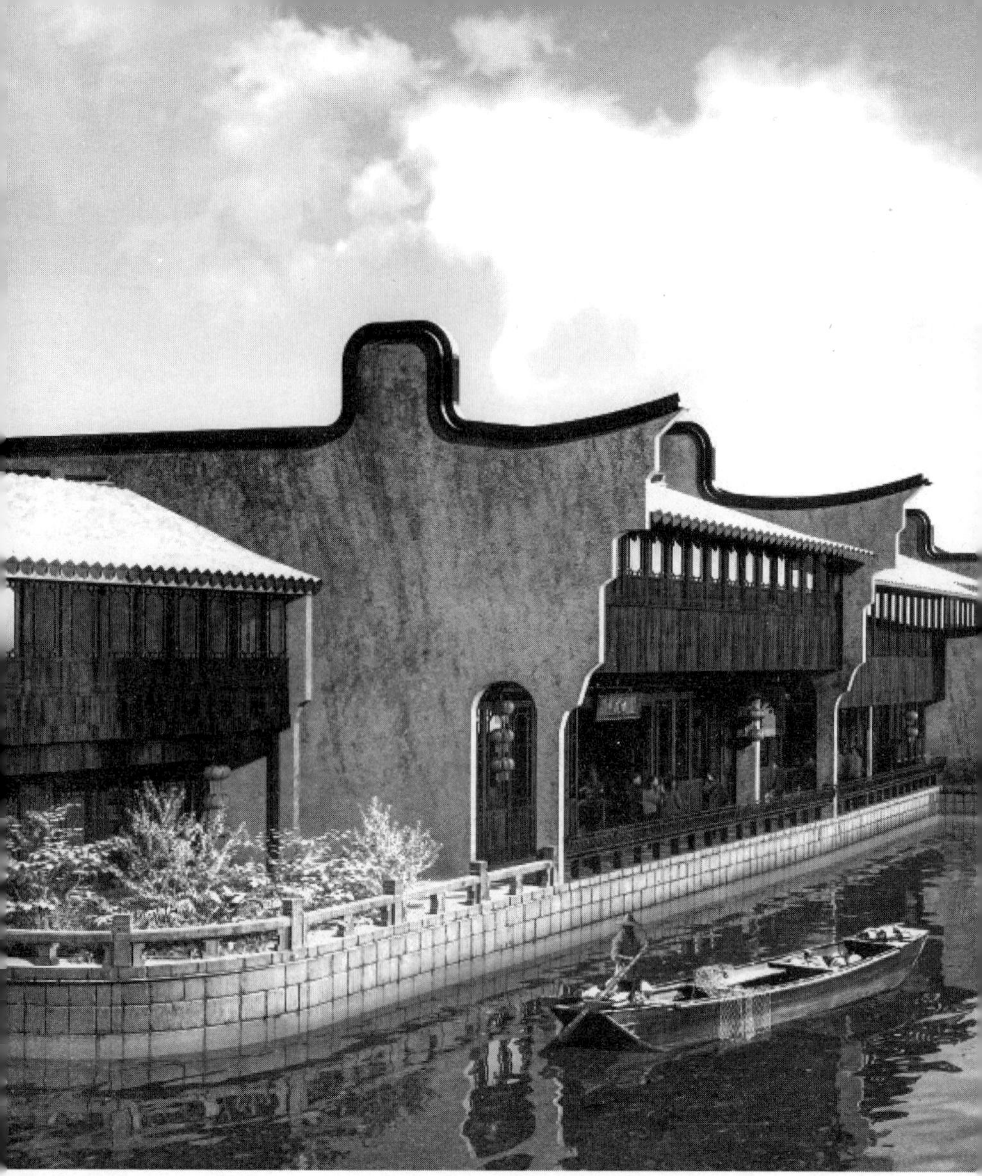

月河印象

月河街区是那时的城乡接合处和交通商贸集聚地，由大运河通往城乡各地，河内挤满了来来往往的船只。这里有老百姓购买各种日常生活和民俗用品的商店、民居，也是嘉兴农家赶集交易最集中的地区之一。印象最深的是中基路和运河边的苗猪交易所（小猪行），近郊农户的苗猪交易都在这里进行。

一、匠商

刚刚过完春节或农闲之时，各地的工匠和商贩就开始到外面揽活，他们在外面四处漂泊，四海为家。工匠和商贩除了本地的泥木工匠以外，还有外地的修缸补甏、磨剪刀抢菜刀、补铁锅、鸡毛换糙纸（手纸和糖）、弹棉花、棕匠和钉秤、铁匠、金银铜匠、篾匠等。

以前拜师学艺有一整套规矩，比如拜师前要订"关约"（相当于一个拜师的协议），师傅要声明若失手打徒弟致死，不用偿命，还有"一日为师，终身为父"之说。徒弟在拜师学艺前期，寄宿在师傅家里，主要是给师傅家里干活、干家务，包括给师傅倒水烟管、倒"夜壶"（尿壶）等。

在工作期间，一个勤奋聪明的学徒，没有休息时间。空闲之时，就主动做工具。泥工做稻草刷，木工做刨子、锯子等带木的工具（附件）、磨刀片等。徒弟必须眼明手快、勤奋吃苦、善动脑筋，这样才能得到师傅的欢喜。

那时，开始学手艺时，徒弟没有工钱收入，一般这个过程需要半年左右，也就是俗称的"吃饭退工钱"。师傅认为徒弟有一定能力后，才可以拿工钱。工钱从每天2毛、3毛、5毛开始，满师，证明徒弟已基本能独立干各种工作，一般为3年，满师后每天的工钱为1.3元。再往上升就是根据级别拿工钱，一级工每天为1.55元，二级工每天为1.65元，三级工每天为1.75元，四级工每天为1.85元，五级工每天为2.00元。每个级别的提升，需要通过老师傅们集体评判才能确定。工钱按照级别发放，非常公正。

那时，师傅极为讲究辈分，手艺高超、德高望重之人，在地方上很有威望。师傅与徒弟也有着严格的辈分和等级之分，师傅的威严远远超过自己的父母。刚开始学徒的时候，徒弟吃饭时要看着师傅，师傅吃完饭，徒弟要主动帮助盛饭，师傅吃好饭，徒弟还要主动递茶。收工时，徒弟还要给师傅清洗整理工具。上下班时，师傅的工具包，由徒弟负责背运。

那时，大家对工匠都非常尊重。所有的工匠在东家做工，有工钱收入，还可以吃东家饭。上、下午的中途，都有"坐烟"（工间休息），喝口茶、抽支烟，东家也会提供粑粑、包子、松糕等点心，供工匠充饥食用。因此，能够拜师学艺，就是一门很好的职业。

初秋，忙完"双抢"，也是每年学生毕业后找工作的时候。那时，农村孩子受教育的程度普遍不高，小学毕业、初中毕业后学手艺的人很多，很少有高中毕业的学生。学徒，也不是随意可学，一个师父三年才能收一个徒弟。

20世纪70年代末，高考刚刚恢复，但能考上大学的人凤毛麟角。一般农民见识有限，觉得孩子成年后，能学一门手艺干活挣钱就不错了，"荒年饿不死手艺人"之说根深蒂固。农家孩子学一门手艺，就是一条生存的出路。

那时的手艺人和商贩，大多来自嘉兴周边的绍兴、诸暨、萧山、义乌、富阳、天台等地方。招揽生意时，他们有各种招式和吆喝声，如鸡毛换糖纸和换糖，用拨浪鼓摇动敲打和叫喊。晚上，他们借住在农户家里，很多商贩会在固定农家借住，也会给借住的农家一些补贴，还有用做工来抵扣工钱和吃饭、住宿的。

浙江农民天生的吃苦耐劳精神，也成就了今天浙商的兴起。

（一）泥木工

工种与地方有关，家乡以学泥工、木工为主流，油漆工、白铁工（钣金工）等相对较少。在所有工种中，木工的细分工种最多。造房子的叫大木师傅，做家具的叫小木师傅，箍桶的叫圆筑师傅，做棺材的叫八尺师傅，做纺车、犁的叫春筑师傅，造（修）船的叫船匠。

泥木工的主要工作是建房和修缮房屋。

（二）修船匠

那时，木船是主要运输工具，一个生产队有3—4条。夏秋季，需要对其进行轮流保养维修，以确保农船正常使用。

修船时，首先要把需要修理的木船从河里拔到岸上，生产队会组织20人左右的壮劳力，喊着口号"123、123……"从河里慢慢拔到岸上。然后，在指定的位置把木船架起来。

修船师傅按照从船底到船舱的顺序进行修补，其中，在"石臼"（一个石制倒圆锥形器具）里打"油灰"（生石灰＋桐油）是重要的技术活，油灰的质量决定了黏接材料（油灰＋麻丝＋桐油）与木材的黏接力、强度和耐水性。木船修补完成，最后涂上两道桐油，修船就结束了。

等桐油干后，就需要用同样的人马，把木船移到河里。

（三）箍桶匠

箍桶匠，也称为圆筑师傅或圆木师傅，就是制作镬盖、脸盆、脚盆、饭桶、马桶等木制日用品的木工。那时，没有塑料制品，也很少有金属制的家用器具。

箍桶匠挑着一担工具和铁箍闯天下，为农家服务。箍桶匠的工具较多，除了普通木工的榔头、斧头外，各种锯子、

图 3-1　箍桶匠

刨子、凿子（宽、窄、圆）、手工钻头、磨石等一应俱全。

箍桶匠与建房的木工是完全不同的木工工种，他们一般彼此不懂对方的手艺。故民间对专业不对口的师傅，有"造屋请箍桶匠"之说。

（四）修缸补甏

修缸补甏匠所带的工具最少，几把凿子、一个小铁锤，背上工具包就行。那时，农家踏菜的缸、存菜的甏、吃饭的碗，如果在使用时不小心出现裂痕或破碎，就会请修缸补甏匠进行修补。师傅来了以后，先要用小铁锤在需要修理的缸甏上轻轻敲打，找到裂缝的部位。然后，用笔画出裂缝的位置，再用钉凿开一条线沟，先用加铁襻或铁箍把它们围起来加固，如果实在破损严重，只能作废弃处理。最后师傅拿出修缝的材料，均匀地涂在线沟

下篇　百工礼仪 | 131

图 3-2 补好的碗

里。待到材料干燥后，一只有裂缝的缸甏就修好了。修缸补甏匠工作的特点，就是特别小心翼翼。

家乡种菜，需要用大缸来腌制，用甏来装咸菜。因此，每到雪菜收获前夕，家里就要请来师傅帮助修缸补甏。

（五）磨剪刀抢菜刀

磨剪刀抢菜刀的人常常肩上扛着一只长板凳，嘴里大声叫喊"磨剪刀……抢菜刀"，嗓音也是最有特色，他们走在各家各户门前招徕生意。当时的刀具主要有家用的剪刀、剪桑条的桑剪，还有切菜的菜刀和砍柴的柴刀等。

（六）补铁锅

以前农家的锅主要是铁锅，可以用来烧饭、做菜、烧开水、炒豆类等。一口铁锅解决家庭全部的烹饪问题。铁锅是用生铁做的，长期使用柴火烧后，锅底会结一层厚厚的煤灰，需要定期刮掉，否则会影响热效能。使用时间久了，锅底难免有小洞。因此，一般家

图 3-3 磨剪刀

图 3-4 补铁锅

庭会有一口备用锅。如果家里铁锅有漏洞了，就需要调换，等补铁锅匠来了进行修补。

补铁锅匠挑着一担补锅的"风箱"（一种用手拉动的长方形取风工具）和小炉灶。接到生意后，就停下来先烧红铁液，用一块耐热的专用垫片在锅子底部顶住洞口，将烧红的铁液浇在洞上，再用专用工具磨平处理洞口，待冷却凝结后一个锅洞就修补好了。补铁锅匠为了生意，常常挨家挨户上门，争取到多个破铁锅后一起修补，这样既节约成本，又省时省力。那时，一般补一个洞收取 2 毛钱。

（七）弹棉花

弹棉花的人，身上背着一根吊杆借力，左手握住弓，右手用一把硬木榔头敲动弦，发出"腾腾腾"的声音弹棉花。把棉花做成棉被被芯，需要经过弹棉花、走芯、布线（双向菱形线）、压芯等环节。弹棉花的时候灰尘很大，他们必须戴上口罩，一个棉被被芯的制作过程一般需要2天左右。

（八）棕匠

棕匠主要是做（修）蓑衣和棕绷，主要来自天台一带。

制作原料是棕榈树上包裹密集的网状纤维，一种耐透水性较好的植物原料，简称为棕。农民们每年会把它从棕树上割下来存放在家里，准备在做（修）蓑衣和棕绷时使用。

蓑衣的制作过程首先要绕棕线，然后一片一片把它们缝起来，最终组合成蓑衣。

棕绷的制作过程也要先绕棕线，把棕绳根根均匀拉紧后，用木塞固定，做棕绷还要木工配合做架子。棕绷具有透气性好和一定弹性等优点，是那时的高档床上用品。直到现在，很多年长者仍然喜欢睡棕绷。

蓑衣与"箬帽"（斗笠）虽然很重，但它们经久耐用，是农民劳作时的最好防雨用品，可以保证农民劳作自如，冬天还可以起到保暖作用。

蓑衣与箬帽是最好的搭档。箬帽由棕箬和竹篾编织而成，因本地无棕箬，故箬帽非本地出产，需要农户在商店购买。下雨天，农民穿着蓑衣、草鞋，戴着箬帽，背着鳝篓，就是一身抓黄鳝、捉泥鳅的最好行头。

蓑衣与箬帽，不用时都挂在墙壁上。

（九）裁缝师傅

裁缝师傅也是农村的一道独特风景。那时，农村人大多数穿自家纺线织成的布料，请裁缝师傅在自己家里制作衣服。

裁缝师傅到各家各户干活时，自带"熨斗"（铜质材料制成，装有木柄，用木炭做热媒）、蜡（穿针引线时用）、尺子等工具。有了缝纫机后，缝纫机是做衣服最主要的工具，也比较重，遇到上了年纪的裁缝师傅，主人会上门去把缝纫机头与机架拆开挑来。那时，优秀的裁缝师傅在老百姓心目中应当是产量与质量俱佳，他们不愁生意，农家会主动上门同他们预约做衣服的时间和天数。

小时候穿的衣服，很多是哥哥姐姐穿剩的。那时，新三年，旧三年，缝缝补补又三年，穿缝补过的衣服非常正常。男孩子最不愿意穿的就是姐姐穿过的裤子，母亲硬把"女式"改成"男式"，就是把女式裤子右边的开口缝上，然后在前面开一个口子，这样姐姐的裤子就改成"男式"了。穿这样的裤子，男孩子觉得最没面子，同伴们常常会取乐，但母亲经常会"鼓励"："听话的孩子最'乖'。"所以，也只能做"乖孩子"了。

那时，农村人衣服的颜色以藏青为主，款式也基本相同，很少有人买成品服装。1975年左右，可以从城里购买布料来做衣服。

大约从1980年开始，棉毛衫棉毛裤（运动衫运动裤）开始流行。那时，年轻人袖口、领口、脚管露出内衣，就是一种时髦。

图 3-5　熨斗

（十）鸡毛换糠纸（换糖）

鸡毛换糠纸或换糖，就是把农家年底杀鸡鸭的毛晒干，换"糠纸"（用稻草做成粗糙的手纸），这些人大多是义乌和富阳人。

糠纸虽然不值钱，但是每人每天必需的生活用品。那时，很多老年人为了节省开支，解手后连糠纸都不舍得使用，他们就用破旧的衣服当糠纸，脏了，过几天洗净后再用。

孩子们最喜欢的当然是"换糖担"（用破旧衣服、牙膏壳、废铜铁等换糖，也可以用钱买）和"洋货担"（主要品种有红头绳、发夹、皮筋、火药纸等小百货）。每当听到拨浪鼓和他们的叫喊声，或知道他们来村里时，孩子们总是手脚发痒，奔走相告，想方设法寻找出家里的废旧物品换糖吃。孩子们围着换糖担、洋货担，一路从村头跟到村尾，直到目送换糖担离去。孩子们目不转睛的那种专注、渴望，以及他们激动的心情令人难忘。

（十一）通烟囱

通烟囱的人，一般来自绍兴和萧山，他们挑着一担有盖的箩筐，把箩筐担子放在农家屋门外。经过主人同意后，他们手里拿着一只大簸箕，一根长竹片末端绑上稻草，就进入农家灶口，伸进土灶的烟囱里清理烟灰。然后把烟灰放在簸箕里，再把它倒入门外的箩筐内。通烟囱的人工作时，戴着乌毡帽，除了两个眼睛在转动外，全身都是黑乎乎的，孩子们经常用通烟囱的人来吓唬同伴。

他们收起来的烟灰，主要用于田间改良土壤和做肥料。

20世纪80年代后，随着乡镇企业的兴起，上述一些手艺人和商贩开始逐步减少。到了1990年后，我国工业生产水平和物资供应已非常丰富，他们已完成历史使命，基本退出了舞台，也意味着乡镇企业开始蓬勃发展起来。

二、织布

每年春耕（5月中下旬）后期，棉花就开始播种了。棉花用籽一次种植，通过培育、施肥、松土、除草等过程，到11月底，棉铃子开始成熟、开花、采摘，棉花具有喜光、喜温、根系发达等特性。棉花的生长期需要半年多，采摘期长达近2个月，到落霜时才结束。

从棉花到织成成品布料，要经过多道工序，细节复杂，每道工序的质量决定了成品布的质量。

（一）轧棉花

棉花从地里采摘下来晒干后，用轧棉花机去除棉花籽，使棉花成为蓬松柔软的纯棉花。

（二）制棉花条

以加工后的纯棉花成品为原料，放成条状，用"擀棉板"（一块长约40厘米、宽约15厘米带手柄的板）和"擀棉杖"（一种直径约0.5厘米、长约60厘米的杆子），通过来回滚动，将棉花成品制作成为棉花

图 3-6 笔者在宁夏影视城体验纺线

条,每根棉花条的长度约40厘米。

(三)纺线

将棉花条用"纺车"(一种通过手摇转动,用线带动锭子转动的纺线木制车)纺成线。纺线前,在"锭子"(两端磨成尖尖的铁杆,铁杆直径约0.3厘米、长度约30厘米)上放一层竹笋壳或棕箬,其作用是方便把"纡子"(线团,两头锥形)从锭子上取下来。

纺线的主要程序是右手顺时针转动纺车,通过它们之间的线使锭子转动,左手用棉花条均匀地在锭子上纺线,线在锭子上形成纡子,待纡子达到合适直径后取下,纺线就是重复这样的流程。

1975年前后,机制纱已经出现,我们小时候经常到嘉兴火车站附近捡粽子的包扎线,还有买布厂的废纱,农闲时妇女们把它们理出来清洗,便成了一种质量很好的织布用经线。

(四)缚纱

用纡子上的线,通过"缚车"(类似小纺车),形成直径约45厘米的线圈,每圈称为"一绞"。

(五)染色

对无色的绞纱进行上色处理,根据拟织布款式的要求,把它染成蓝色、黑色等颜色。当时,城里有很多染色店,专门承接农村绞纱的染色工作,也有人家把褪色的旧衣服加工染色,或变换颜色成为"新衣服"。

（六）浆纱

把染好的各色绞纱与面粉放入水中煮沸，称为"提浆纱"。再用类似面杖的木棒敲打，使面浆渗入绞纱内部后晾晒干，使提浆后的绞纱具有一定强度并防止变形。然后，把一绞绞浆纱通过缚车，把它捯放到直径约3厘米、长度约25厘米的竹管筒上。

（七）经布

经布就是让竹管筒上的浆纱，成为织布时经线的过程。经布主要有准备、经线、盘布三个过程。

第一步，准备。在地面上（一般在廊下）的两端先打好小竹竿（地桩），两排小竹竿的间距为4丈（传统的丈，每丈约3.33米），如果是织1个布（宽度1.2尺，长度约11米），一端设1个小竹竿，另一端设2个小竹竿。织2个布，一端设2个小竹竿，另一端设3个小竹竿，依次类推。然后把每束线绕在小竹竿上，一般为10束，也就是200—400根线。

第二步，经线。使用上下两根有小孔（孔径1厘米左右）的竹竿，其中下面的竹竿上面打孔，上面的竹竿上下打通，上下两根竹竿孔洞的左右间距约30厘米，并使孔洞上下对应垂直，上下两根竹竿的间距约35厘米。每个小孔内插一根擀棉杖（作为筒管的一根轴），再在擀棉杖上上下垂直放置2个（2层）筒管。每层筒管数10—12个（总20—24个，也就是20—24根线），把筒管上每根线集中起来形成一束（20—24根）线，成为经线。

图 3-7 经线

筒管上线颜色的位置搭配和分布,就是未来品布的款式,如"细类条布""条绞布"等。

第三步,盘布。先用左右平行的两根门闩固定好(一般固定在廊檐下),间距为一根"轴头"(织布机上存经线轴头,两端带有手把)的距离。然后把10束线放在"匀布箅"(相当于一把开闭口的大梳子)里均匀分开,一头固定在轴头上,有1人把10束线绕在身上,有2人转动轴头,有2人(一般人就可以,小孩子很喜欢做的)挡好匀布箅,一直到所有的经线全部盘到轴头上。

这样,整个经布过程就完成了。

图 3-8 盘布

图 3-9 匀布筘

（八）织布

把经布完成的轴头装在织布机上，将"机头"（上一次织布完成后留下的）上留下的每一根线与轴头上的每一根线接好结，使线头与轴头上的线数相符。每个机头由很多组线组成，每组线内有 2 根（上下各 1 根）经线，经线结线完成后，就可以织布了。

梭子中的线叫"梭剃"（就是棉花条纺成的线，通过纺车捯放在小竹筒管上，称为做"梭剃"），也就是织布的纬线（左右）穿梭。

织布在织布机上进行。双脚通过踏脚板不停地踩脚，与上面机头上下循环移动，再通过梭子与左右穿梭的线用"筘"（用竹子做成，固定在织布的把手上）层层碰压，筘是确保成品布质量的关键，织成的布要用"撑杖"（用2片竹片制成）控制宽度，然后让成品布用"撬杆"（控制成品布的木档）卷在轴头上，撬杆完成后，要用撑杆从轴头上放线，再用撬杆固定。

重复循环这个过程，一直到轴头的最后一段线到达机头为止，织布的过程就全部完成。然后剪断经线，再留下机头与筘连在一起，下一次循环

图3-10 做"梭剃"（纺车与缚车）

再用。成品布的品种主要有黑布、类条布、被单布、条绞布、细类条布、白布和袄布等。

掌握织布的全部过程，如同做鞋、织毛衣一样，是一个成年女性必须掌握的手艺，也是一个聪慧女人的标志。

图3-11 织布

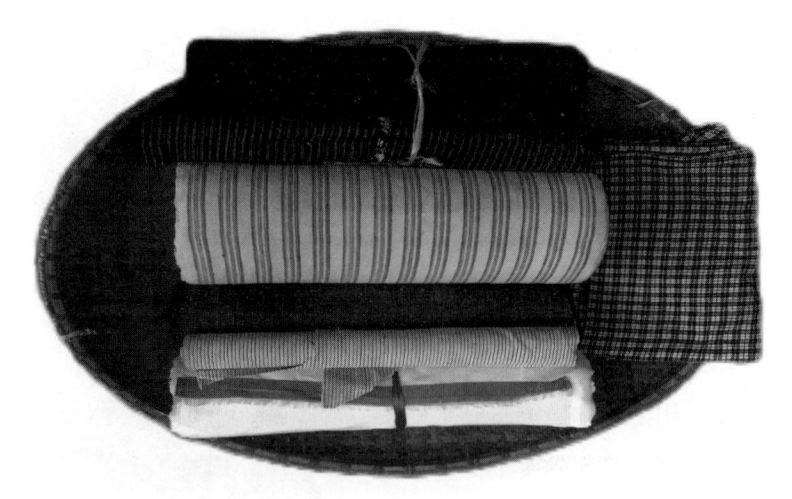

图 3-12 成品土布

三、建房

住房是家庭的重要组成部分，对家庭有着深远的意义和影响。住房不仅是家庭成员共同生活的物理空间，更是家庭情感和生活品质的体现。它承载着家庭的记忆和故事，对家庭的幸福感和归属感都有着不可替代的作用。

农民造房都是刚需，建设标准相对较低。直到20世纪70年代时，新建房子的门窗框采用预制混凝土、窗扇玻璃起初用尼龙薄膜替代等情况还很普遍。每户家庭主屋建设规模一般为2—3间，一个项目主体施工3—4天，粉刷、打灶头、做地面等装修约3天，总工期在6—7天。

过几年在老房子的左右各加一间，在老房子左右的前或后加半间（称为"加一个耳朵"），在老房子后面增加一架椽子的进深（称为"加一架"），这些小规模的建设情况十分普遍。

民宅都是木柱子承重、砖砌体填充的建筑。键房、筑漏也是匠人的常态工作（存量房改造）。键房，就是对有倾斜的老房子给予纠偏。筑漏，就是瓦屋面上因长期使用，树叶、竹叶和积灰等堵塞瓦沟，容易积水和渗水，并对碎瓦片进行调换，对屋面进行清理维护的过程，保证屋面排水顺畅。

那时住草棚的人家也有不少，一般一个生产队有1—2户，比例在1∶30左右。猪、羊圈盖草棚的比例则非常高，大约占农户的2/3以上。所谓草棚，就是四周用泥墙围护，屋顶用竹竿做支架（撑），用稻草当瓦片，草棚的构造极其原始、简陋，且很容易引起火患。草棚的檐口比较低，屋檐四周要保证排水畅通，以防止雨水和大风破坏泥墙和屋顶。草棚的北面往往是竹园,可以起到屋面避风的作用。

图 3-13 20 世纪 80 年代的农宅

图 3-14 垒泥墙

新中国成立前后从"上八府"(主要指绍兴及以南一带地区)逃难来"下三府"(主要指杭嘉湖地区)移民的人家,生活条件比本地人更差,他们住草棚的比例更高。因此,住草棚也是当时上八府移民的标志。人们戏称草棚是"雕空椽子线条瓦,两个溜陀守大门"(雕空椽子:指竹子,线条瓦:指稻草,两个溜陀:指用两张蚕匾当门),由此可见他们的居住和生活状况。直到20世纪80年代初期,还有一些人家住在草棚里。

图 3-15　20 世纪 70 年代的草棚

造房子是一笔巨大的开支,给农家带来了沉重的经济负担,建房户的资金,大部分人家需要依靠亲戚朋友的帮助来解决。

造房子的建筑材料也非常紧张。比如建房用的砖,很多人家用自己制作的泥坯砖,这种用土窑烧制的砖强度较低,一般用于猪舍或室内填充墙。许多建房户的室内木柱间分隔墙,直接使用泥坯砖来填充。利用旧料翻建房屋是常态,少有建房户全额自资和采用全新材料建房。

建房的施工人员中,除了外请的泥、木工匠外,辅助施工人员都是邻里和亲戚。

那时的农村人,没有房子就娶不到老婆。一个儿子娶媳妇有两间正屋是最低的配置。若实在没有房子或没钱造房子,通常就要做上门女婿,如果家里有3个儿子,那其中一个儿子大多会成为上门女婿。

没有儿子的家庭,为了传宗接代,就要"讨女婿"(上门女婿),绝大部分家庭对上门女婿视同儿子,他们相处和睦、家庭幸福,也减轻了女婿家的家庭压力。但在一些封建思想比较严重的家庭中,上门女婿的地位很低。如果这个上门女婿比较憨厚老实,那么他的遭遇可能会比较惨,也会被一些邻里鄙视。因此,一些家庭虽然条件有限,也要想方设法勤奋努力,创造条件为儿子娶老婆。

所以,如果男孩子淘气,母亲就会骂:"将来把你做女婿。"男孩子知道做女婿很不好(可能被人欺负),但还不知道其所以然。母亲说这样的话,无意中也给了淘气男孩子一种警醒和鞭策:我要努力!我要坚强!我不想做女婿!

(一)准备

初秋,气温开始慢慢下降,白天时间很长,是村民们自建房屋的好日子和高峰期。

建房前，东家会邀请一名自己信任的"筑头师傅"（相当于现在的项目经理，通常由木工负责人担任）做顾问。然后东家按照自己的要求和筑头师傅的建议、指示，筹备好各种建筑材料。定磉日和上梁日是建房过程中的重要日子，要选定农历成双的黄道吉日和好时辰，上梁最好的时辰是"日出卯时"。开工前，要自己选好日子或者请风水先生看好日子，一旦日子确定，就不会随意更改。

大致确定开工日期前，要化好石灰（把生石灰化好，放在石灰潭内），过一周石灰浆加上纸筋，就成了纸筋石灰，再过一周就可以使用了。这样，建房的一切准备工作全部就绪。

确定了定磉和上梁的日子，也就确定了建设过程中的主要节点和整个建设项目的施工计划。此后，东家和木工、泥工以及客人都要按照这个施工计划执行落实，各自做好自己的工作。

开工前，东家至少要在上一天天还未亮以前，在新建的宅基地范围（可以稍大）钉好"红桩"（木桩钉好后，在木桩的上面用红头绳包裹红纸），寓意是红桩内已是净土。如果是老房子拆除重建，那么在拆除前还要祭祀祖宗和土地公公以及各路神仙，"告知"他们老房子即将拆除，这里将要动土建设。祭拜仪式类似除夕日的要求。

开工前，还要在宅基地东西两侧竖立两根样刹。样刹由竹竿和麻筛等组成，即在竹梢上面固定一只麻筛，麻筛正面点角粘上方形红纸，麻筛背后插上三片竹片，竹片上面卷上红纸并用糨糊粘上，红纸迎风飘扬，三片竹片和红纸称为"蚕花"。样刹的寓意是镇宅避邪，后来老百姓用红旗替代。

（二）定磉

那时，造房子没有施工图纸。筑头师傅按照东家的要求和材料情况，确定建设标准和整个建造过程。建房的全部信息都在筑头师傅的脑海里，他是建房的灵魂和核心，也是现场的总指挥。

筑头师傅指挥木工，按照要求制作梁柱等木构件，木构件制作完成后，用鲁班字（前字出只角，后字拖根索）标注构件名称和相应位置。如：东前今梁，表示东面房间正梁南面的第一根"桁条"（檩条）。

定磉，就是泥工师傅按照筑头师傅的要求，在地基上放样、画线，确定建造范围、高程等。

当时最流行的正屋是九楞头，即屋面有9根桁条，包括屋脊和檐口，前后椽子各有4架，其中前后椽子带挑檐。九楞头表示房屋的进深，长度在9米左右。16椽，表示房间的宽度，16椽即房间有（可见到的椽子）16根椽子，宽度为15厘米×22+2厘米×22=374厘米（为柱子中心到中心的距离，如果是砌体承重，相当于开间为390厘米。数字22为椽子的间距，即墁砖的长度为21.5厘米）。条件稍差的建七楞头（进深7米左右）14椽（宽度3.6米左右）。

如果是九楞头，屋面"势头"（坡度的宽高比）从檐口的5.5分开始，依次为5.8分、6.2分到屋脊的7.2分排布。如果是七楞头，屋面从檐口的4.5分势头开始，依次为4.8分到屋脊的5.8分排布。木柱子的控制点确定了，屋面梁的位置就确定了。

确定磉基高程（±0.000）时，在新建房屋的中心位置放一个开口尽可能大（大，确定了水准的精度）的存水容器（如大脚盆或菱桶），然后放满水，用两片竹片和一根直尺，全凭老师傅的眼睛观察来确定水平状况，高程通常参考附近建筑。

基础施工。基础材料大部分用块石、乱砖夯实灌浆（石灰浆+黏土搅拌）做垫层，在木柱子下放一块"磉石"（支撑木柱子的石头）、砖基础砌筑，并对室内回填土加以夯实。

主体施工。基础完成后，就由泥工老师傅负责立墙角，一般师傅砌筑中间墙体，搭设脚手架，将墙砌到应有高度。其中檐口和屋脊是重要控制点，中间桁条之间的距离和高度，需要根据筑头师傅提供的势头数据来确定，坡度下平上陡，称为绕势。

（三）上梁

木柱子立好后，也就确定了梁的位置。上梁仪式极为重要，顺序从下到上（廊部到正梁），即依次为廊部、小部、大部、今梁，最后上正梁。过程必须准备有序、前后衔接，上梁仪式按照预定计划举行。

上正梁时要进行多个仪式，主要有在正梁上做圣箍圣、斋梁头和送梁、安四方、赞梁头、齐檐等。

1. 圣箍圣

做圣箍圣在新房子南面屋檐下进行，筑头师傅把正梁放在两只"三脚马"（一种架设木构件的三脚支架）上，圣箍圣在正梁中间，图案为三个菱形叠加，用红绿布和7个铜钿钉成，其中在7个铜钿上还要挂长度约15厘米的红绿绢线。

圣箍圣，表示吉祥如意。正梁的红绿布和铜钿的摆放，既体现了中国传统建筑文化的精髓，也寄托了人们对美好生活的向往。

做好圣箍圣后要用蓑衣（称为龙袍）包裹，在包裹好圣箍圣正梁两侧，临时放置2根引导正梁上屋面的竹竿。然后筑头师傅在正梁的两端各系一根绳子，称为"万里红绳"，绳子的上一端也临时固定在屋顶上。

2. 斋梁头

这时，东家正在新屋正梁下的南侧，进行斋梁头仪式。所谓斋梁头，就是在桌子上放上全鸡、全鱼、条肉和猪肚、猪心、猪肠、酒等供品，点上一对蜡烛和3炷香，主人全家祭拜各路神仙。斋梁头的供品由主人的媳妇娘家提供。

此时，上面"鲁班台"[用四扇大门搁在正梁前后两根今梁（正梁前后两根梁）上的临时空中楼阁]已搭好。鲁班台上已放好东家媳妇娘家送来的4—8个蒸糕或粑粑以及糖果等。在主人全家祭拜完成后，接下来的仪式全由筑头师傅主持。

3. 送梁

首先是送梁。送梁在地上包裹好圣箍圣的正梁边进行。送梁仪式的主要口彩内容有：

> 灯烛旺旺，
>
> 香苗苗。
>
> 喜鹊叽叽叫，
>
> 各位师傅齐齐到。
>
> 喜鹊叫哩哩，
>
> 各位师傅手用力。

（注："旺旺""苗苗"形容场景恢宏、吉祥。"叽叽叫"有报喜之意。"叫哩哩""力"押韵。）

接着，筑头师傅一边爬向屋面，一边高喊：

送梁！

此时，大家已用"万里红绳"开始把正梁拉上来（上梁）。筑头师傅继续送梁：

送梁送到半天中，

曲曲弯弯像乌龙。

正梁初步安装后，筑头师傅就准备安四方。

4. 安四方

筑头师傅已在鲁班台上。安四方仪式的主要口彩内容有：

第一撮圆团抛过东，

日出日头一点红。

第二撮圆团抛上南，

南海观音最靠活。

第三撮圆团抛过西，

西山老虎笑嘻嘻。

第四撮圆团抛北方，

四方平安。

（注：撮，一撮共4个粑粑，下面3个，上面骑1个。"靠活"是喜悦的意思。）

5. 赞梁头

此时，正梁的位置已经基本安装就位，接下去的赞梁头更多的是象征吉祥意义，木槌子敲十下，说十句吉利话。赞梁头仪式的主要口彩内容有：

头记敲得天门开，

二记敲得家源来，

　　三记敲得连中三元，

　　四记敲得四季平安，

　　五记敲得五子登科，

　　六记敲得六六顺利，

　　七记敲得七子八团圆，

　　八记敲得八仙闹海，

　　九记敲得九子九孙都富贵，

　　十记敲得十项齐中。

　　（注："连中三元"就是连造三次房子，说明东家条件好。"十项齐中"就是最好的意思。）

　　赞梁头完成，筑头师傅叫喊一声：

　　　　金钩落地，

　　　　买田买地。

　　（注："金钩"指木榔头。"买田买地"寓意东家财富丰裕，可以买田买地。）

　　这时，筑头师傅在鲁班台上开始抛糖果，上梁的高升（即鞭炮）已砰砰响起，上梁仪式进入高潮。

　　至此，整个上梁仪式全部结束。随后，拆除鲁班台。

　　筑头师傅卖力地工作，东家会给红包。

　　上梁的时辰一般在上午，大多在上梁仪式完成后，就安排吃上梁粑粑或午饭。上梁当日的午餐，是整个建房期间最丰盛的宴席，称为"上梁酒"，亲朋好友都会前来祝贺。

　　亲戚们在上梁日要送上4蒸以上的粑粑或松糕，以及猪肉等礼品，其中儿媳妇娘家的礼品最为厚重，备受亲戚们关注。最普通的也要用袱背上一斗大米作为最实用的礼物。

上梁完成后，梁与梁之间用楔口榫连接，然后，在梁的两侧用"椽子"（椽条）固定，待筑头师傅确认屋面势头后，就开始钉椽子。椽子钉好，并锯平南北屋檐多余的椽子头。接着，开始铺设"墁砖"（望砖），墁砖铺设前，正面涂上石灰水，使墁砖表面白色均匀。墁砖铺好后，开始上瓦片。

梁柱、椽子等木构件在安装前一般都需要提前制作，对木构件的加工要求有"大木不见皮，小木不见线"之说，木构件制作完成后，涂上桐油保护，待桐油晾干后，各种构件归类存放。同一规格的椽子用缚挎捆在一起，等待安装时使用。

6. 齐檐

在椽子全部钉好和墁砖全部铺好后，按照习俗，在屋檐中间暂时留两根椽子头，最后由筑头师傅来锯平，此项仪式称为"齐檐"。此时，筑头师傅会继续说出吉祥话：

　　小小压刀七寸长，

　　池长池长长又长。

　　椽头齐齐叫，

　　看蚕年年好。

（注："压刀"是锯子的意思。"池长池长"指锯子发出的声音。"齐齐叫"是整齐的意思。）

暂时留着的两根椽子头锯平时，女主人要用布襕在下面接住锯下来的椽子头。然后，把椽子头用红纸包好藏起来。这时，女主人又要给筑头师傅红包。

下篇　百工礼仪 | 155

藏好的椽子头在次年养蚕时，把它烧成灰并与干石灰搅拌均匀，在蚕架的周围撒上一圈，可以起到防止害虫入侵蚕宝宝的功效，也有看好蚕宝宝和压邪气的说法。

屋面施工从做屋脊开始，做屋脊一定是经验丰富的老师傅。屋脊做好后，泥工师傅也会举行安龙腰仪式。安龙腰，就是在屋脊的中央，留一个周围封闭的小坑，坑内放入头发、敲扁的黄豆和土作为肥料，然后在小坑内种上一束葱。葱，寓意郁郁葱葱、平平安安、家业兴旺。如果龙腰上的葱存活有问题，或者东家有什么其他问题，那么东家可能要与泥工师傅讨说法，因此，泥工师傅对安龙腰非常重视。

在安龙腰仪式开始前，泥工师傅要说一声："扶梯撑过长"（扶梯拿过来的意思），然后他一边爬扶梯上屋面，一边托起一个礼盘，开始说安龙腰的口彩：

扶梯撑在乌云地，

脚踏扶梯步步高，

手托金盘安龙腰。

一步高一步，

步步后来高。

（注："乌云地"指地势好。"金盘"指木"礼盘"。"龙腰"指屋脊的中央。）

说好吉祥话后，东家也要给泥工师傅红包。

屋脊做好开始盖屋面。盖屋面时，上下两位师傅起着关键作用，上面的师傅按照屋脊已定的瓦楞间距铺盖瓦片，下面的师傅要放滴水瓦和盖瓦，中间的师傅听从上下师傅的指挥。底瓦下面加上底灰（一般为黏土）、底瓦侧用碎瓦片固定，然后覆盖上面的瓦即可。瓦楞之间用门闩做靠尺，上下两位师傅要保证和控制不同势头屋面瓦楞的平直。

（四）装修施工

屋面施工完成后，就开始做墙角。做墙角有两种形式，一种叫"抢檐"（直线檐口），另一种叫"凡圈"（半圆檐口）。然后，开始进行室内外抹灰等装修施工。外墙待纸筋灰初步晾干后，用草刷涂上"锅墨水"（土灶锅子底下刮下来的锅墨灰＋水调成，相当于一层黑色调料）。内墙则必须在干燥后，再涂上"石灰水"（纯石灰"白浆"＋水调成）。锅墨水和石灰水涂刷必须为上下移动，一般涂上2—3遍，使表面看起来均匀就可以。拆除脚手架，主体工程基本完工。

主体工程完成后，后期还需制作和安装门窗等，因此，最后离开的是木工。

（五）打灶头

打灶头是农家极为重要的事情，因此，大家对此十分重视。农历九月初九，据说是"灶君太太"的生日，村民认为是全年打灶头的最佳日子。当天，有名的打灶头师傅非常抢手，很多农家为了选择在九月初九这天打灶头，哪怕先起一下灶基也行。被老百姓认可的打灶头师傅，可能会从九月初九一直忙到年末。打灶头最能体现泥工的专业水平，一个优秀的打灶头师傅一定是泥工中的"拔尖人才"。

图3-16 画新灶

打灶头通常由两人合作一天完成。首先，灶头位置的基础必须加固夯实。新灶头还要在灶基位置放上一些稻草，寓意压邪，也有灶头将来旺火的意思。

打灶头开始时，先用两个铁锅翻转用实样放样，常用规格为尺八头、尺六头，确定灶身位置。然后用一段铁锅直径长的竹片做固定尺子，用于砌筑时控制灶膛的尺寸。

打灶头从筑灶基开始，依次砌灶膛、灶台、灶身到烟囱，由下而上。其中，灶膛是砌筑的关键，它决定着以后是否省柴和高效发挥灶膛热量。室内灶身砌筑完成后，其中一人要在屋面开始砌烟囱,也称拔烟囱,整理瓦沟排水,泛水掯灰,室外烟囱抹灰后,上面盖两片防雨瓦,最后在烟囱表面涂上锅墨水。室内师傅则对灶面进行抹灰,抹灰完成,开始灶体打格子。此时,一般上面的师傅已经施工完成烟囱,两人一起绘灶画。最后做灶台,灶台面的纸筋灰内加一些锅墨水,这样,一个农家灶就全部施工完成。

土灶是农家的重要门面。如果说灶膛解决了土灶的使用功能,那么灶画一定是土灶的点睛之作。灶画,除了可以美化灶身之外,更重要的是体现主人对美好生活的向往。因此,对于灶画内容师傅一般会听取主人建议,特别是灶芯画绘制的内容,如五谷丰登、蛟龙飞舞、牡丹盛开、鲤鱼跃龙门等,在灶身的侧面,一般写上"福"字、"囍"字、"寿"字,也有自力更生、发愤图强等励志口号。一个灶头的美观程度,与灶画有直接关系。

四、婚俗

婚姻，意味着新家庭的建立、生命的孕育，有爱、有担当，就有希望、结果和未来。爱情，是人世间永恒的话题和甜蜜的事业。春节期间、春节后或农闲期间，是年轻男女联姻的重要时刻。

男女双方从认识到结婚，一般需要经历看亲、吃篮、定亲、话亲、担盘和结婚六个环节。联姻过程根据每个家庭的实际情况而定，有些过程可以简化或者合并，整个过程由媒婆负责牵线搭桥、协调指导。

媒婆分男方、女方，一般为2人，男女双方各有1人，她们负责双方的沟通和具体事项的对接和联系。在定亲、结婚等主要过程中，主人还会给媒婆一定的报酬，结婚前、结婚后也要用礼物去请媒和谢媒。那时，年轻男女的婚姻关系需要得到父母长辈的同意后才能确立。"听从父母长辈"意见建议是建立婚姻关系的基础。那时，很少有自由恋爱。

结婚仪式大都安排在春节期间，主要是这个时间人员集中；还有一个重要的原因，就是春节可以喜上加喜；另外就是可以节省开支，因为，春节期间吃好喜宴后，亲戚之间可以不重复来往。

（一）看亲

从孩子到成年人后，就进入谈婚论嫁的阶段。看亲，是男女双方是否有意向确立婚姻关系的开始，一般在16岁左右举行。在看亲前，媒婆会对双方进行了解、考察，觉得双方"门当户对"后，才开始各自行动。

看亲，主要是媒婆带上姑娘和其母亲或至亲 2—3 人，前往男方家里，一般在晚上悄悄进行。看亲的主要目的是了解男方的个人情况和房屋、财产、亲属等女方认为要了解的情况，女方也会带上关键问题询问男方。一个女孩子看亲多次或一个男孩子被看亲多次，均属正常，一般双方会保守秘密。

双方通过看亲互相认可后，讲究一点的人家，要请算命先生排"八字"（女孩的出生年月日和时辰，用红纸折 3 折），双方家长会各自合一下八字是否般配，如果般配，就进入下一道吃篮环节。

（二）吃篮

吃篮，是确立男女双方攀亲的第一步，相当于确定婚姻关系的一个"意向性合同"。吃篮时，男方需要提供两样东西：一条鱼、一排肉给女方。此时，男方不需要提供礼金，男女双方可不见面也不来往。女方则需把八字交给男方。那时，大家很看重八字的约束力。

吃篮，也相当于一次成年礼，双方从孩提到成人，是人生的一个重要提升。因此，吃篮后就要更加懂得礼仪、是非、规矩和责任，个人不能出现有损家庭和社会形象的事情，无形中也是一种进步的鞭策。

（三）定亲

经过吃篮后，彼此觉得对方一切情况合适后进行定亲，一般在 20 岁左右举行。定亲，相当于确定婚姻关系的一个"正式合同"。男方家里邀请至亲小范围办酒，称为办"对亲酒"，女方可以不办酒。定亲时，男方除了需要再提供四样东西：一只鸡、一条鱼、一排肉（通常改为一腿肉）、一坛酒外，还要增加一份"礼钿"（彩礼），条件好的男方，还提供一些其他礼品。女方则自己做一双"百页底"布鞋或织一件毛衣送给男方，以显现她的手艺和表达一颗爱心。这便是当时最简单、最纯朴的爱情象征。定亲后，男女之间可以在春节等节日互相开始来往。封建意识比较重的人家，定亲后仍旧保持不来往。

（四）话亲

话亲就是定亲后担盘前，男方告知女方想要结婚的意思。这个过程相当简单，媒婆转达男方的意思后，经双方确认即可。同时，双方确定担盘的时间。

（五）担盘

担盘，就是确定结婚的具体事项。如日期、程序、礼钿和女方主要亲戚的数量等。担盘时男方需要提供金耳环、银手镯等饰品，不需要提供礼钿和其他礼品，也可以不办酒。女方家里则邀请至亲小范围办酒，称为"担盘酒"。

担盘时，确定了新娘拟带过来新客人的数量后，男方要给新客人家每户提供一份"小礼钿"。同时，新客人接受"小礼钿"后，送给新娘的礼物一般要按照"小礼钿"增加一倍。

担盘后，双方就要逐一告知各自亲戚到时来喝喜酒，这个过程叫作邀喝酒。邀喝酒时，双方主人会带上一条云片糕、一盒饼干等礼物，前往亲戚家里。通常，男方的亲戚上门邀请后，亲戚在结婚当日参加婚礼并送礼。女方的亲戚须先送礼并接受后，再去亲戚家邀请。乡邻乡亲则不必邀请,结婚当日他们会主动上门,并到主人家帮忙。乡邻乡亲一般不送礼钿,用"袱"(一种农家包裹用的方布,黑白格子,边长约1.2米,有时也作为抱婴儿的包裹布)背一斗米就是。主人会回送4块松糕或4个粑粑。

图3-17 斗

送礼还有这样一个习惯,新郎舅舅送新郎结婚当日戴的礼帽,新娘舅舅送新娘脚炉。礼帽和脚炉当时都是重礼。

经过看亲、吃篮、定亲、话亲、担盘后,一对男女青年就开始准备举行结婚仪式。

那时,大家的思想都比较保守,男女之间即使出现一些小问题,因为"父母之命"十分有效,双方也非常讲诚信。如果一方在过程中有悔婚现象,就要退回礼钿或折价给予补偿,但这种情况并不多见。

(六)结婚

结婚是人生的一件大事,从新房的布设、家具的添置、结婚用品的采购等,主人早已根据自己的条件做好了准备。经济条件有限的家庭,结婚使用父母的老家具也很常见。那时,家具等结婚用品非常简单。结婚的真正意义是两个人走到一起,开始正式共同生活以及生儿育女。

结婚仪式通常需要三天,第一天叫落桌,第二天叫正席,第三天叫发客。

第一天，落桌。

上午，新郎要到媒婆家请媒。请媒时新郎要提着"幢篮"（存放礼品的六边形分层篮子）到媒婆家。幢篮内主要装有松糕等礼品，还要带一条鱼和一排肉，请求媒婆出马和帮助，这是一种对媒婆的尊重和礼节。

图 3-18　幢篮

喜阿妈是婚事的百事通，也是媒婆的业务顾问，人们会经常见到喜阿妈穿梭在婚礼现场。

落桌，就是邀请家里主要亲戚和乡邻乡亲一起来帮忙并聚餐。主人要落实好结婚当日各个环节的具体细节、人员安排等事项。比如借用轿子、桌凳、碗筷，搭好"厂"（办事的临时棚），打好临时炉灶，在讨亲船上装好帐篷、挂上红布等。还要与新娘家提前沟通对接好结婚当天各项礼仪配合等事宜。晚上，新郎还要邀请一名童子，陪他一起睡一晚。

第二天，正席。

1. 讨亲

当日一早，主人一定会再检查并落实好讨亲的各项工作。讨亲，主要是把新娘娶回来，同时把新娘的嫁妆搬运到新郎家里。当日，男方是主角，女方做配角。

讨亲团成员一般由 6—8 人组成，也称摇船大佬（含伴郎）。

他们之中，4人负责抬轿子，其余2—4人负责摇船等工作，其中抬轿子的4人，根据习俗必须此前抬过棺材，民间称为"先抬棺材后抬轿"，寓意逝者为大、尊重前辈。讨亲团成员中，由新郎家指定一名亲戚担当领队大佬，负责讨亲时的所有工作。

当日一早，讨亲团成员早早来到新郎家，听从领队大佬的吩咐后，就摇着船去新娘家讨亲。

讨亲船带去的随礼主要有新娘的一套外套、一只鸡、一条鱼、一腿肉、一坛酒，两只用袱包裹的幢篮，幢篮内装的礼物主要有甘蔗、橘子、"地梨"（荸荠）、松糕、粑粑，每只幢篮上面还要放两条状元糕，还有金银首饰和各种礼钿（根据男方条件确定内容及数量）。每样礼物上都要放一张红纸或大红囍字，以示喜庆和吉祥。

讨亲时，也是礼钿最全、最大之时，礼钿主要有"太礼"（给新娘的爷爷奶奶）、"堂长礼"（给新娘的爸爸妈妈）、"抱舅礼"（给新娘的兄弟）、"禄礼"（彩礼）。其中，新娘的外套和一只鸡、一条鱼、一腿肉以及金银首饰与各种礼钿，称为"五彩礼"，分别放在每个"礼盘"（一种长方形的木制存物器具）里。

图 3-19 礼盘

还有一顶轿子、一张芦席和两根"话媒竹"（竹梢带有叶子的竹竿，也称子孙竹，寓意对对方的尊重、感谢、吉祥和生活节节高）等。

讨亲船摇往新娘家，在出发和到达时，均需燃放高升。高升一般为4—8响，以示喜庆、吉祥，也是一个礼节和出发、到达的提示。

讨亲船到达新娘家，先要把两根话媒竹顺放在新娘家门前的屋檐上，还要把讨亲船摇船的橹，橹板朝上放在新娘家门前的屋檐上。橹板倒放表明是娶媳妇（上门女婿就没有这个规定），也有压邪气之说。

轿子和芦席拿上来后，轿子要放在带来的芦席上，并使芦席正面向上，寓意新娘不能带走娘家财气。

讨亲团到达新娘家门前，先要将礼钿拿到新娘家里，新娘家的主人打开礼钿，看礼钿是否满意，如果不满意，还要请媒婆"打回关"，添加礼钿。这样，讨亲的时间常常会延误，讨亲团只能在门外站着，感觉很没面子，但这种情况发生不多。等到礼钿添加满意，新娘家里的小舅子或同辈就要出来招呼讨亲团一声：哥哥们来啦，里边请。

这时，新娘家应该大门紧闭，很多轧热闹的人要堵住新娘家的大门，讨亲团领队大佬就要见机行事，塞几个开门红包，还可能要塞几包香烟，才能进入新娘家的大门。门推开的一刹那，大家一阵欢呼，这是一个烘托喜庆气氛和讨亲时的习惯。

讨亲团进入新娘家堂屋后，就接受新娘家的热情招待。首先，给讨亲团成员每人吃一碗糖煮鸡蛋炒米茶。吃完后，主人还要递上热毛巾，让客人擦脸和手。这时，新娘家桌子上已泡好茶、放好香烟，果盆里也放好了糖果、花生、麻条、瓜子、枣子等，还要派人陪同，这是新娘家最高规格的接待标准。

讨亲团接受新娘家招待是礼节，喝完茶水，领队大佬要在茶杯下留下小红包，称为"茶犒"，茶犒由收拾桌面卫生的人拿走，是感谢烧开水泡茶的人员。然后讨亲领队大佬要示意新娘家，同时，他们会起身走向河边讨亲船处，准备迎接嫁妆和新娘上船。这时，新娘家的亲戚会把嫁妆送出来，讨亲团接过嫁妆后，调皮的新娘家送嫁妆人会讨要小红包取乐。新娘还会带一对长寿饭碗加勺子，碗里面放炒米和散糖，放在新房的梳妆台上，寓意甜甜蜜蜜、长命富贵。

新娘的嫁妆主要有被褥（用红色的床单包裹）、脚炉、马桶、热水瓶、脸盆和一袋米等，还有一棵根部用红布（纸）包好的万年青，放在被褥的上面。嫁妆的一袋米，意思是新娘的口粮。所有新娘的嫁妆都贴上大红囍字。

图 3-20　长寿碗

新娘离开娘家时，要穿上新郎家送来的外套、头上顶着红盖头上轿。此时，新娘会与父母道别，父母也会叮嘱新娘。新娘出嫁时必须上轿，民间也有"花花轿子人抬人，不坐轿子不是人"之说，这也是一个女人一生一次的荣耀和待遇。媒婆手里拿着"暖炉"（此时称为暖炉，寓意新娘到婆家温暖如意，规避与公公婆婆等之间的"生人气"），在她的引领下，抬轿人把新娘抬到讨亲船上（取消轿子后，改成新娘要走在用麻袋铺好的垫子上，有的地方流行舅舅背着新娘到讨亲船上）。伴娘也随讨亲船一起前往新郎家里。完成上述讨亲任务后，讨亲船就高高兴兴离开新娘家，摇回新郎家。

图 3-21　舅舅背新娘

图 3-22 讨亲回来

讨亲船回到新郎家时,新郎家的亲戚们早已在踏埠头等待。在讨亲船停靠前,新郎要拿着两把壶到河边取水,此水称为"浪头水"。浪头水有吉利、甜蜜、好运之意。然后新郎迅速拿着浪头水到新房内存放,准备晚上"吃寿酒"用。

讨亲船靠岸后,讨亲团和客人一起,把嫁妆搬到新郎家堂屋,乡亲们看着新娘的嫁妆一件件搬上来。最后,把新娘抬到家里。新娘下轿前,也要在轿子下垫好芦席。这时,垫芦席的意思是对新娘的尊重和欢迎(相当于红地毯)。新郎家里的同辈姐姐或妹妹,也要出来招呼一声新娘:妹妹(姐姐)来啦,请上岸。新娘下轿后,新郎领着新娘要围着点燃的"三墩央火"(用稻草扎成,上面扎在一起,下面3只脚分开,上面和每只脚的下面用红纸各包一周，寓意辟邪），等待进入堂屋。此时，已经到了中午时分，忙碌、热闹、紧张的婚礼进入高潮——结亲。

这时，公公婆婆手上会戴上"顶针"（纳鞋底时套在手指上的金属圈），躲在堂屋一旁，手指戴上顶针的寓意是规避生人气。

这时，堂屋里聚满了贺喜的客人。在证婚人的引导下，新郎用秤杆挑开新娘的盖头，寓意称心如意，新郎新娘入席。此时，公公婆婆才开始出现。拜堂仪式正式开始：一拜天地（转身向外）、二拜高堂（转身向内）、夫妻对拜。主持人还要讲风趣、幽默、吉利的顺口溜，此时，结亲仪式进入高潮。

在结亲的同时，新郎家里的女长辈，正准备把新娘带来的床单、被子一条条铺在新床上，新郎家自备的被子放在最上面一层。此项工作必须是新郎家族中父母健在、夫妻恩爱、儿女双全的姑姑、嫂子来担任，参与此项工作的人员也有小红包。新床铺好，就叫来童子滚新床，滚新床时常用的祝福顺口溜有：

滚床滚床，

两头鸳鸯；

先生儿子，

后生姑娘；

上滚床、下滚床，

一年一个状元郎。

滚床滚床，

喜气洋洋；

滚来滚去，

滚出吉祥。

......

童子滚新床后,就在新娘嫁来的马桶内取红蛋、拿红包,然后再撒尿,称为童子尿。

结亲礼毕,新郎新娘进入新房。在媒婆的引领下,新娘要认识新郎家的长辈和晚辈。按照辈分开始认亲,先是新娘认识公公婆婆,并接受他们的大红包。然后认识新郎的其他长辈,他们也要给新娘红包,伴娘在一边帮助新娘记录并收红包。新郎的晚辈也要认识新娘,他们叫一声新娘的称谓,新娘也要给晚辈一个红包。

在讨亲团回到男方家的同时,女方会组织一个陪嫁团到男方家,此团称为"拉烟囱"。民间相传,昔时有新娘受婆家姑娘、妯娌"捉弄",将烟囱堵死,新娘烧饭时烟雾弥漫,受到公婆指责,其兄弟前来探望时发现蹊跷,用长竹竿通烟囱,烟道畅通后,烟雾消失,就能烧好饭菜。此传说的寓意是娘家兄弟维护新娘在夫家的地位。

陪嫁团一般由新娘的兄弟和男至亲组成,成员4—6人,在讨亲团摇船返回新郎家后,他们自行到达新郎家,随行也要带上礼物。陪嫁团到新郎家后,新郎也要出去叫一声,陪嫁团才能进入新郎家中。

陪嫁团到达新郎家,同样受到新郎家最高规格的接待。媒婆还会带领新娘的兄弟认识新郎的父母,叫他们一声太亲翁、太亲母,同时,小舅子还会收到红包。

午餐,是新郎家的正餐,菜肴档次是整个婚宴中标准最高的。酒席上,新郎家的女长辈,一般是婆婆或姑姑,会陪同新郎新娘一起向客人敬酒、送糖,让新娘认识新郎家的全部客人。新娘吃好饭后,要留下半碗饭和一块肉,称为"蚕花饭",蚕花饭是给婆婆吃的,寓意承上启下、传宗接代。

陪嫁团成员中,有一人也要在喝茶后留下一份"茶犒",午饭后还要再留下一份小红包,称为"席犒"(感谢厨师),以示礼貌和感谢。然后道别新郎家的长辈和客人,自行返回新娘家中。

2. 回门

新郎新娘在新郎家里吃过中饭后,就要计划好下午和晚上到新娘家的各种准备。然后,新郎新娘与上午讨亲的一帮摇船大佬和伴娘,继续摇船到新娘家吃晚饭,此行称为"回门"。

回门时,讨亲船要带上一席八只菜,放在两个蒸笼里,带到新娘家里。带菜的寓意是新郎家参加回门的人,吃新郎家自己的菜。回门到了新娘家,首先要把八只菜交给新娘家厨师,请求他们帮助加工,也要给厨师一个红包。

晚餐前,新郎也要在岳父母的房间里认识新娘的长辈。同样,长辈也要给新郎红包。新娘的晚辈叫一声新郎的称谓,新郎也要给晚辈一个红包。

晚餐,是新娘家的正餐。

酒席上,新娘家的女长辈,一般是丈母娘或阿姨,也会陪同新郎新娘一起向客人敬酒,让新郎认识新娘家的客人。

在新娘家吃好晚饭完成各项回门议程后,新郎新娘就要向新娘家人和亲戚告别。然后带回其中一根话媒竹、八只菜的空碗(碗要倒放在蒸笼里)和娘家的一些回礼,新郎新娘就和讨亲团一起,摇船回到新郎家里,准备晚上闹新房。

当回门船到达新郎家时,新郎家的客人一般已吃好了晚饭,大家都在等待着新郎新娘回来闹新房。

3. 闹新房

闹新房,又是结婚的一个高潮,新郎新娘开始迎接前来祝贺的乡亲、朋友,并给前来道喜的人2—4粒糖果、发一支喜烟。此时,伴郎、伴娘已经完成了任务,但也可以继续陪伴。

热热闹闹的结婚大喜即将圆满完成,客人们大多已回家,此时,新郎家还要用浪头水做菜吃夜宵,称为吃寿酒,慰劳家人和自己。吃寿酒时,要点上一对花烛,新郎新娘先要跪在地上看父母吃饭,然后自己吃,这个过程是象征性的,寓意敬老和传承,时间很短。

吃寿酒结束后,在媒婆的带领下,由金童玉女手持花烛,新郎新娘步入洞房,称为迎花烛。然后把花烛放在梳妆台上。此时,新郎新娘在亲朋好友的陪同下,喜阿妈开始她的拿手工作,说唱一些开心吉利的话来烘托现场气氛:

> 新相公给新大娘吃鸡脚,
>
> 新大娘新相公睡着招脚。
>
> 长生果肉两半爿,
>
> 新相公新大娘抱拢来。
>
> 吃个肉粑粑,
>
> 新相公摸麻麻。
>
> 大家吃蛙蛙,
>
> 明年做丫丫。
>
> ……

下篇 百工礼仪

（注："招脚"指抓痒痒，"麻麻"指乳房，"蛙蛙"指鱼，"丫丫"指爸爸。）

喜阿妈的说唱也是一种技能，主要内容是"教育"和娱乐。

这个仪式完成，就成了新郎新娘的两人世界。此时，新郎新娘要看护好花烛，确保其自然熄灭。

在客人们全部回家后的新婚之夜，是小夫妻一天最放松的时刻。他们做的第一件事就是一同拆开红包、清点现金并予以记录。

第三天，发客。

新婚后的第一天早上，新娘必须早早起床，向公公婆婆和长辈请安，还要完成做早饭、扫地等家务，以便给婆家留下好印象。

新娘家讨亲带来的那棵万年青，一早由婆婆在灶头锅里烧饭刚刚发出"泼落泼落"声音之时，种在屋后墙角处。寓意未来新人的生活像米饭快烧熟时一样，有滋有味、蒸蒸日上，生活幸福美满。

乡邻乡亲要帮助拆除婚礼时使用的临时设施，并归还借来的桌子、凳子、轿子等。主人还要请帮忙的乡邻乡亲吃早饭和午饭。双方的主人（通常是婆婆和丈母娘）一早还要给邻里乡亲送新婚粑粑、糖糕，表达谢意。

（七）对月回门

结婚后的第三日，新婚夫妇要到岳父母家待三天住两晚，称为"对月回门"。此行，要准备好给讨亲时收取小礼钿的新娘家新客人家的礼物。礼物主要是松糕,寓意节节高,松糕放在幢篮里。在对月回门期间,新婚夫妇不能同床。对月回门的主要任务是去新娘带来的新客人家里,第一次上门做客。

新婚夫妇在岳父母家的第三天晚上,就要回到新郎新娘自己的新家。回家后的第二天,岳父母的家人和新娘带来的新客人,会一同随行到新郎家里,也是新娘家新客人第一次到新郎家做客。他们也要用幢篮带上礼物,主要是肉粑粑,寓意圆圆满满。这些粑粑称为"回门粑粑",新郎家要送给乡邻乡亲品尝。

至此,一场婚礼才算基本结束。

(八)担夏

担夏,就是新婚夫妇结婚后的第一年,新娘家人给刚刚出嫁的女儿家送夏天的礼物,担夏也称为"送立夏"。新娘家人送的礼物主要有拔秧凳、"拔秧伞"(较大的纸伞或油布伞,下雨天拔秧时用)、雨衣、草席、竹席、蚊帐(两顶:大床和小床)、油徹子(一种油炸的面食制品,是那时农家最高级的食品)等。新娘家人还要在女儿家吃上一餐。担夏一般是农历成双的日子,时间不能超过六月六(农历六月初六),也就是在"双抢"前进行。

(九)担糖

担糖,是指在孩子出生前,亲戚要送礼物贺喜的习俗。担糖的日子需选农历逢单的日子,表示会生男孩(重男轻女)。新婚夫妇结婚后,长辈们最盼望的就是他们按时有喜,亲戚们也会主动联系,如果知道新娘有喜了,就要准备担糖。担糖时要送的礼物主要有：糖、鸡鸭蛋、核桃、粽子、松糕、小衣服、尿布等，一般亲戚礼物可少些，但娘家视条件尽可能做到一应俱全。

最后一家担糖的人家，必须是新娘的娘家，如果新娘娘家担糖后一个月内孩子还未出生，那么新娘娘家还要继续来一次担糖，所以，新娘娘家对担糖的时间把控需要十分准确。新娘娘家送来的礼物，主人（一般为婆婆）还要送给乡邻乡亲分享。

那时，由于经济条件和社会保障有限，新娘怀孕后，仍要正常参加生产劳动，也没有孕期补品服用和体检，怀孕、生产过程全是自然，生产时也有邀请接生婆在家中进行。进入20世纪60年代，随着各项条件的逐步改善，才慢慢开始到公社卫生院接生，但很少有家庭办孩子的满月酒、百日宴和生日宴。

（十）抓周

抓周，是指在孩子周岁之时，家长会精心准备算盘、笔、书、钱等物品，举行抓周仪式，让孩子自由抓取，以此预测孩子未来的兴趣和职业倾向，这个仪式和内容十分简单。

那时，孩子都由父母亲亲自抚养长大，除了母乳，没有奶粉等营养品。如果母乳不足，只能以粥汤加糖补充。如果母亲参加劳动，一般由奶奶来带孩子。

那时，农家的孩子没有被娇生惯养，也不敢撒娇使性，大家都是"早早懂事"的"乖孩子"，老大带老二、大孩带小孩，没有家庭请保姆带孩子。

家庭，是人生最美好的港湾，而夫妻是家庭的核心，夫妻恩爱苦也甜，最好地诠释了这个道理。一个幸福的家庭，一定是夫妻恩爱的家庭，夫妻恩爱是"第一生产力"。那时，农村虽然存在一定的"男尊女卑"现象，但严格和确切地说，是男女分工明确，男主外、女主内。新人没有依赖思想，认为同甘共苦、自力更生是天经地义的事。那时，社会普遍尊重、珍惜婚姻，绝大多数家庭婚姻稳定，家庭暴力现象很少出现，离婚现象也很少发生。

五、祭祀

（一）庙会

庙会是古老中国传统民俗文化的重要组成部分，是农村最基层老百姓自发组织的活动。乡村庙会，也称请"老爷"，就是纪念和歌颂"老爷"的功德。乡邻乡亲都有请"老爷"的传统和习惯。

虽然农民大多没有读过书，但他们的文化根植于内心的修养。庙会期间，所有活动的人工和支出，全由村民轮流承担，主动出力、出资。大家都积极、自愿、乐于参加庙会活动，也不接受别人资助。因此，这样的活动才能生生不息、源远流长，这就是中国人信仰的力量和智慧的源泉。

农民心中的"老爷"，都为历代名人或为民献身的英雄，在群众眼里就是"至

图3-23 驱邪逐疫

高无上"、"无所不能"、全心全意为人民服务的公仆，老百姓对公仆的爱戴，心中自有一杆秤，他们心地纯洁、爱憎分明。因此，老百姓崇拜、尊重、相信、恭敬、宣传和纪念"老爷"。

乡村庙会，也是激励大家以榜样（"老爷"）为力量，倡导有能力的人（"老爷"）服务百姓、做好人好事。纯朴的老百姓也有请"老爷"保佑风调雨顺、国泰民安、五谷丰登、百业兴旺、家庭幸福之意。乡村庙会，没有商业和任何利己主义的味道和目的。

正月十三，是高丰罗庵浜、方家港一带本方"老爷"的生日，即称为高丰罗庵庙庙会。罗庵庙又名古罗庵禅院，住持僧大觉。禅院内供放上天王、秉义王塑像，并持符印板各一块，刻有"驱邪降福"和"驱邪逐疫"，送给每家每户张贴在家里，以祈求生活幸福、安康、田产丰收。

抬"老爷"的队伍壮观、威严，最前面的是举龙旗开道，随后是举牌者手持正堂、回避、肃静的"头马牌"，为"老爷"开道。接下来，就是各4人抬着一位"老爷"，上天王在前，秉义王在后。紧随"老爷"之后的是锣鼓队，他们有节奏地敲打着锣鼓一路前行。再后面，是举着国泰民安、风调雨顺、生意兴隆、蚕花茂盛旗帜的队伍。最后，是舞龙、舞狮、打莲湘、打腰鼓队，呈现一派祥瑞喜庆气氛。请"老爷"的队伍，可谓蔚为壮观、浩浩荡荡，一路走来引来不少乡亲围观。

"老爷"平时供在庙堂内。每年正月十三一早，乡亲们就会把"老爷"请出来，称为"出位"。然后抬着"老爷"到达各处预定地点，乡亲们都会按照除夕敬神仙的标准和要求，自发放好

图 3-24 锣鼓队

各种供品,虔诚过来烧香祭拜。

完成所有祭拜活动后,还要在礼炮声中进行"抢轿"仪式。抢轿,就是舞龙队围着抬着的"老爷"转圈,抢轿的目的是让"老爷"开心。抢轿和舞龙的人,都是村上年富力强的青壮年。抢轿完成,乡亲们又将"老爷"继续供奉在庙堂内,称为"回位"。

乡村庙会,是那时老百姓难得的集体活动和青年男女"轧闹猛"的好机会,就像现在看电影和参加各种娱乐活动。

请"老爷"活动,每年举行一次。活动结束后,晚上乡邻乡亲还要组织每家每户的主人一起扛聚。

宗教祭祀活动,在不同地区存在较大差距,即便隔边村落,一些习俗也各有不同。庙会结束,标志着新一年的农耕生活即将开始。

（二）杭州烧香

春节期间，除了走亲戚和谈婚论嫁是热闹时刻外，春节后烧香拜佛也在香客们的议事日程上。

那时交通落后，老百姓去杭州灵隐寺烧香，必须坐上半天火车或者一天轮船才能到达，路途虽然不算太遥远，但绝对是一个大动作，非一般情况（重大事件许愿、还愿）是很少有人去的。

图 3-25 拜佛篮

灵隐寺大门口的对联——"人生哪能多如意，万事只求半称心"简洁而深刻，不仅是对人生的总结和概括，也是对生活的建议和指导。同时，告诫人们做人一生都要谨记：十人烧香九为财，不知财从善中来；为人有德天长佑，行善无求福自来。遵循自然、因果自然，多做好事、多做善事、多做对自己和别人都好的事，良心居首、积德行善、知足常乐，鼓励人们在面对生活的挑战时，保持平和的心态，做到知足常乐，才会有人生的智慧和福报，这里的财并不仅仅是金钱。

那时候，一个生产队去杭州烧香拜佛，一般由3—5家轮流组织前往，并由一个"香头"（就是烧香的领队）带领。烧香客拜佛非常虔诚、明确，他们不会去杭州其他地方游玩。

为了表示对菩萨的尊重，烧香客临行前都选好日子，且至少要吃3天的素食。乡邻乡亲也要用"送烧香"的形式进行烧香拜佛。"送烧香"就是给去杭州烧香的人送去粽子、糕点、香火、蜡烛等礼品,让他们带到杭州,帮助烧香拜佛。烧香期间,烧香客和"送烧香"的人都要吃素食。

烧香拜佛的过程中,一是穿着应整洁、朴素,着装得体;二是进入寺庙区域后,要保持安静,静默肃穆,避免大声喧哗;三是上香前应洗手,保持身心清净;四是通常上香取三炷香,分别代表天、地、人,点燃后朝四方各拜三拜,然后轻轻插入香炉中;五是进入佛堂时,双手合十,向佛像行礼。

烧香拜佛过程中,还要注意一些忌讳,如进入寺庙时应从左边进入、避免踩踏门槛等。

烧香客遵循这些规矩和忌讳,可以让每一次的礼佛变得更加庄重、虔诚和圆满。

烧香客完成烧香拜佛任务走出寺庙后,会遇到不少小商小贩,他们向烧香客兜售各种物品,吆喝声五花八门,如叫喊"烧香买点豆,一年好到头"等好口彩,引发烧香客的购物欲望。烧香客也会带给"送烧香"人家礼物,如香火、蜡烛等,最常见也最实用的礼物是竹篮(杭州篮和饭篮)。

竹篮的作用非常大,人们出门购物、走亲戚都用它。饭篮,平时主要是家用。如农忙期间,早饭、中饭两顿一起烧,把早上多烧的剩饭盛放在饭篮里挂起来,防止蚂蚁爬到锅子里。饭篮在办宴席时,还可以作为从灶头到餐桌之间的过渡,方便客人盛取。

平时每逢初一、月半,村里的老人经常出现在村庄附近各种寺庙里烧香拜佛,他们大部分是老太太,烧香拜佛是她们表达精神寄托的最好方式。

(三)清明节

家庭祭祀活动全年共举行四次,分别是清明、七月半、冬至和除夕,称为"一个'蒲头',3个'结'(节),报'360张叶'"(蒲头,指除夕;结,指清明、七月半、冬至三个节;报360张叶,指统领一年360天)。全年四次祭祀活动,它们各自有着不同的起源、习俗和意义。清明节主要是关于春天的开始和扫墓纪念祖先;七月半与鬼魂和祭祀相关;冬至标志着冬季的开始,与家人团聚;除夕则是迎接新年的开始,强调家庭团聚和辞旧迎新。

清明节前夕,村民们都会在家里举办全年的第一次祭拜祖宗仪式,仪式一般在上午进行,内容与除夕夜敬祖宗类似,在堂屋桌子上放好烧熟的鱼、肉等菜和烟酒,还有青团子、粽子、水果等供品,点上一对蜡烛开始跪拜。那时,青团子、粽子都是家里母亲自己做的。

祭祀必须点香、点蜡烛、敬酒和烧纸。点香,一根信香通九天,寓意子孙百业兴旺(连接祖先,坟头冒青烟,指的就是点燃的香)。点燃蜡烛,寓意子孙前途光明,给祖先照亮夜路。酒是五谷精华,寓意什么都有。烧纸,则相当于给祖先钱币。

祭拜仪式完成后,还要上坟扫墓(除草培土),以示对先人的尊重和怀念。上坟是对故人的思念,主要以烧纸为主。古人言:烧纸烧的是未报的恩,当你在烧纸时,不管你站在哪一个方向,那烟和火都会吹向你,会把你的脸烤得生疼,这就叫"故人轻拂今人眉，为你抹去半生灾"。上坟，不仅仅是对故人的思念，还是在给后人祈福。那时，上坟没有什么供品，即使有，祭奠仪式后也要带回家自己吃。

清明节的意义首先在于寄托哀思、牢记祖宗，凝聚亲属感情和力量；其次是弘扬孝道、尊敬长辈，传承传统伦理道德文化；最后是把孝道和文化融合起来，不忘父母的养育之恩，迸发和树立不怕困难、积极向上、为先辈争光的决心和信念。因此，祭祖可以让孩子立志发愿，树立远大志向；可以让一个人的生命状态变得更好，发愿今后一定努力学习，感恩、孝敬、奉献，此生一定要成为对国家、对社会、对家庭有贡献和有价值的人，将来光宗耀祖。

国人把祭拜祖宗作为教育后代子女的重要内容，认为祖宗是根，后代是果，有了根，才能枝繁叶茂。在子女考取大学、生下孩子、事业有成等喜庆之时，也都要回来祭拜、告慰祖宗，认为"好运"是祖宗保佑带来的结果。

清明节的祭拜和扫墓活动是农家的重要活动，每家每户都非常重视。

（四）七月半

农历七月半，也称为"中元节""鬼节"，是中国重要的传统祭祀节日。在七月半的前3天左右，也是全年家里的第二次祭拜仪式。

七月半活动，带有祭祖和感恩的双重功能，孝文化是其精神内涵，它是中国人对逝去亲人表达孝敬、思念的重要节日。七月半因为是祭祖的日子，当天民间习俗是不串门、不到他人家里吃饭，晚上也很少出动。

（五）冬至节

冬至在每年 12 月的下旬。冬至日的前 3 天左右，家里又要进行祭拜活动，这是全年家里的第三个祭拜仪式。

冬至的前一日，称为冬至夜。据说食用胡桃肉炖的糖蛋，能大补身体，强筋健骨，可保证一年康健，但那时我们从来没有见到有人吃过。

冬至大如年。顾名思义，大家对冬至这个节气颇为看重，古代的冬至，民间都有提筐担盒、探亲访友的习俗。但传至今日，冬至节大家不再走动，就连在娘家的媳妇也要在冬至前匆匆回夫家。冬至后的重要节日就是春节了。

冬至，也是迁坟的时候，也有一些地方习俗是要在祖坟前烧纸。因此，民间传说，因这一天如同"七月半"一样阴气太重，所以禁忌走动。

（六）莲泗荡烧香

刘王庙也称刘承忠纪念馆，是为了纪念元朝末年的江淮官指挥刘承忠而建。

300 年以来，刘王庙的香火一直很旺盛。尤其在每年清明及农历八月十四（相传是刘王诞辰日）的庙会期间，来自江、浙、沪等地的数万船民聚集于此，也称为"网船会"，进行祭祀、会亲、娱乐和商品交易等活动。

村民对刘王爷十分信赖和崇拜，很多孩子还有认做刘王爷的干儿子或干女儿的习俗，把自己的姓氏改为刘姓。去刘王庙烧香也是一种农耕感恩文化，乡里乡亲都会积极参加。

农历七月半后，家乡人到刘王庙烧香拜佛，最晚一般在中秋节前完成。因刘王庙离家乡距离较近，摇船可以当天来回，也是村民们每年必参加的一项民俗活动。

（七）除夕

除夕的午后，拜神仙（土地公公、本方老爷等各路神仙）和敬祖宗开始，祭拜时要把桌子面板缝的方向旋转90度，使面板缝的方向呈东西向，此举称为"阳事南北、阴事东西"。

拜神仙时，要把事先准备好的全鸡、全鱼、条肉、糖糕、粑粑、松糕等放在桌子中央。全鸡的头上和尾巴各须留3根毛，寓意对神灵的敬意，全鸡、全鱼、条肉还要贴上红纸。还有筷子若干把，每把为8双，酒盅若干只，一般为8个左右，这些供品放在桌子的最北面。一对蜡扦插上两根蜡烛，放在桌子最南边的两侧，在中间香炉里，或在饭碗里放一些米，插上3炷香。桌子的南面放上一只小矮凳，用来磕头、跪拜。然后点上蜡烛和香，开始祭拜各路神仙，祭拜时要"双手合十"拜谒，称为"拜尖头谒"。

敬祖宗时，把全鸡、全鱼、条肉取下，换成烧熟的鸡、鱼、肉，蔬菜放东面、荤菜放西面。敬祖宗时，不必点香，一般等到拜神仙的香自然熄灭后进行，两根蜡烛仍然使用。

祭祖，谢天谢地，不忘祖先，敬畏圣贤，感恩父母。祭祖是一种感恩，更是一种爱的传承。

祭拜仪式准备就绪后，全家老小就开始轮流磕头、拜谒、许愿（默念），并不停地敬酒，祈祷神仙和祖宗保佑全家平平安安、顺顺利利、身体健康、家业兴旺，来年风调雨顺。

祭拜活动大约需要2个小时，仪式快结束时，进入烧纸钱环节，最后熄灭蜡烛明火。

除夕日拜神仙和敬祖宗是全年最隆重的一次，也是全年的第四次祭拜活动。祭拜时间最长，一是主人为了告慰神灵和祖先，二是主人寄托来年家庭兴旺的愿望，三是有足够的时间认真对待。

祭拜仪式完成后，家里的主人就开始做大年夜饭了。

六、葬礼

葬礼是民俗文化的重要组成部分，是人生的最终归宿，怀念、感恩、继承，阴阳轮回、生生不息。生老病死乃自然规律，无论一个人贫贱富贵，人人都会走到生命的终点。旧时葬礼的主要内容包括转尸、守灵、出殡、做七、脱白等过程。

正常老人的过世从脚冷开始，这时，离心脏停止跳动的时间就不远了，亲属就要守着送终。家人离世后，晚辈就在第一时间商量好丧事的办理及安排，如确定报丧人家、采购物资、准备宴席、埋葬地点等。

从死亡到出殡的时间，一般为3朝（3天）。以逝者过世当天时间00:00为标准，00:00—12:00过世，叫"慢3朝"，12:00—00:00过世，叫"快3朝"。如果遇上出殡日（过世后的第3天）为"杨公忌日"（老皇历中不办大事的日子，如正月十三、五月初五等，杨公忌日全年有13天），那么出殡就要顺延一天。如果遇上腊月廿九或除夕（也有杨公忌日）过世，那么就不动逝者遗体，称为"闷丧"，等到这些日子过后再进行。

（一）转尸

亲人去世后，家属第一时间要在其床边烧"床前衣"（纸制小衣服，也可用黄纸、纸元宝代替），寓意通知西方有人报到了。接着，在逝者嘴里放一点银子和茶叶，寓意逝者到西方有财气、有人缘。再为逝者洗身，穿好内衣，称为"小衣"。然后，把逝者使用的蚊帐、席子等，拿到自家踏垌水滩边点燃烧掉。

家人过世后，初步安排好丧事计划后，逝者家属就要到村上道士那里办理"批书"（相当于现在到公安局注销户口，也是到达西方的"通知"）。批书的主要内容是逝者出生、过世的年月日和时辰，然后，道士在批书上盖上印子，由逝者家属带回家里。村上的道士，是白事的"总管"和万事通。

逝者内衣穿好后，家人就把事先准备好的寿衣拿出来。接下来为逝者服务的工作，全由乡邻乡亲帮助完成。村上一般也有专门的热心人为逝者穿衣服（外套、帽子、鞋子）。

此时，其他帮忙的人已取下丧者堂屋大门，在堂屋里把门板搁好，铺好垫絮，然后，把遗体从逝者床上移至"耗堂"（灵堂）门板上，并按照头东脚西方向安放，此过程称为"转尸"。

逝者穿好寿衣后，在遗体下放3根白带（方便移动遗体），在胸前放一个黄袋（烧香拜佛时用的袋子，相当于旅行袋），黄袋里放7样东西，如炒熟的7粒麦子、7粒豆、7只菱，茶叶、香、蜡烛、银子（也用7只纸元宝代替）、扇子、镜子、梳子、手帕等，7样东西根据逝者生前的爱好和习惯选择确定，寓意为逝者到西方烧香拜佛或"出差"时准备好的"生活用品"。

然后，在逝者的右手边放一根拐杖，左手上牵一根线，引向外面灵台佛像的手，寓意把逝者接引西方。逝者的双脚放在斗里（也可用绢筛或布筛替代），主要是固定双脚的位置。最后为逝者盖上被子，在被子上放一把"桑剪"（剪桑树条的剪刀）压住批书。

遗体"全副武装"后，在脚后跟（西边）旁点1盏油灯，寓意为逝者照明西方的路。遗体的旁边放一只纸船，男性为"逍遥船",女性为"解经船",船头朝西,逍遥船和解经船寓意为逝者提供到西方的交通工具,由逝者女儿赠送。

在遗体的南侧,用竹竿挂白,挂白就是用1.2尺宽自家织成的白布,绕竹竿5—9转,一般为7转,转数根据逝者的年龄等确定,挂白,是举行丧事的标志。挂白的南侧放一张方桌,称为"灵台",灵台上放有一碗饭、一碗酒、一双筷、三道菜作为供品。如果逝者为夫妻中的后逝者,那么要放两碗饭、两碗酒、两双筷。在灵台的最南侧,还有一对点燃的蜡烛和香炉。灵台的南侧下面,放上扎紧的一捆稻柴,供参加葬礼的客人前来祭拜、磕头。灵台的外面,就是和尚做佛事的场地。

这样,耗堂就布置完成了。

(二)守灵

在葬礼上,逝者直系后代要穿白衣、捆白头布、戴白带、鞋子满白、戴黑臂章,以示哀悼。穿白衣还有一个习惯,如逝者为夫妻中的先逝者,主人会在葬礼上送给客人白衣穿,如逝者为夫妻中的后逝者,客人一般会自己将先逝者穿过的白衣带来,主人会折合一定的钱给客人。

在逝者未入殓前,逝者家属必须全天候在耗堂守灵。哭丧的人安排在遗体的北侧(屋内),主要是逝者的夫人、媳妇、女儿或晚辈。

乡邻乡亲的妇女们负责丧事白衣、白带、黑臂章等的制作和分发。有亲戚过来奔丧时,就要落地给客人,然后客人会自行戴上。家里的女主人见到客人到来,要开始哭灵,还要叫一声逝者的称呼。女儿称父母为好爷、好娘，媳妇称公公婆婆为好大人，妻子称丈夫为亲人，某某客人来看您了。同时，客人也会接着哭灵。这是对客人的礼节和对逝者的尊重。

客人奔丧时，也会送上白礼给丧家的主人，也会委托专人收取并记录，白礼的数额一般不大。

葬礼上请来和尚做佛事，是丧事的一项重要内容。做佛事一是庄严丧事现场气氛和对逝者尊重、怀念；二是祈愿逝者到另一个世界顺利、安宁；三是祈愿后代平平安安、顺顺利利。第一天、第二天的佛事都在晚上开始，第二天要从晚上开始一直到第三天凌晨出殡时结束。

第一天佛事，在晚餐前 17:00 左右开始，仪式主要程序和内容有：

一是出疏头，即向鬼神祈福的祝文。就是把逝者的姓名写在纸上，落款为逝者的子女（称为孝子孝女），把它放在灵台上。

二是闹场，相当于佛事的开场曲，锣鼓喧天约 5 分钟。

三是子女代表在灵台上上香。上香，寓意请菩萨转告逝者，放心到另一个世界报到。

四是和尚诵经：《大悲咒》和《心经》等。

晚餐后，和尚继续诵经。先诵《慈悲壬申宝忏》，也称《路头经》。

20:00 左右，开始转佛。转佛时诵《千声佛号》(南无阿弥陀佛)，有一种现代哀乐的意思。《千声佛号》是指佛教中一种特定的念诵方式，通常涉及重复念诵一千声佛号。通过反复念诵佛号来净化心灵、积累功德。

转佛，就是围着逝者转圈，寓意逝者与菩萨交流。转佛时，每人自取3炷香，跟随和尚诵经。其中，逝者家属紧跟和尚乐队，一般客人随后，绕逝者3圈（也有5圈）。在转佛时，圈内不能有人。

第一天转佛一次3圈，结束后把香扔到香炉中自然燃尽。

约在次日凌晨3:30，再诵《慈悲阎王宝忏》全卷。

诵经结束，把"疏头"烧掉。这样，第一天晚上请和尚做佛事活动结束，逝者家属需要守灵。

逝者过世的第2天上午，道士会来到丧家，并跟随丧家家属到计划的墓地，用"道士盘"指定棺材中逝者头部的安放位置和方向（后来，也有用铁锸抛向空中，掉下来有铁锸的一端，就是棺材中逝者头部安放的方向）。道士也会参加当日葬礼，主要是指导葬礼和接受丧家有关葬礼的咨询。

老人们一般都会在生前准备好寿材（未死以前叫寿材），寿材一般放在猪羊棚内、檐下或老人自己房间的隐蔽处，孩子们见到寿材都很害怕。

第二天白天的丧事活动，主要是丧者家属接待亲戚朋友前来吊唁，此外，就是准备出殡的一切工作。

第二天的佛事，仍在晚餐前17:00左右开始，仪式主要程序和内容有：

出疏头、闹场、上香，内容要求同第一天晚上。

晚餐后稍作休息，和尚开始诵《路头经》两忏。

19:00左右，开始举行装银子仪式。装银子就是女儿把银子（纸元宝）装进逍遥船或解经船内，在女儿装银子期间，和尚要诵《装银子》，同时女儿还要根据和尚的诵经内容，应声喊一声逝者的称呼。

一只花船头向西，

高高撑起大红旗。

船头勒子沉香木，

象牙渡钩水牛角。

……

［注："勒子"，指船两侧的防护条，也可以走人；"渡钩"，指勒子边放篙子（撑船的竹竿）的钩子。］

《装银子》的寓意是祝福逝者"顺顺利利、平平安安"到达西方。仪式结束后，女儿还要给和尚一个小红包，以示对和尚的感谢。

然后，和尚诵《水仙花秆》：

水仙花秆十八结，

上生叶子下生根。

生的根来根到底，

生的秆来有骨秆。

……

《水仙花秆》的寓意是祝福逝者在西方"事业旺盛、想啥有啥"。

接着，和尚诵《狗母经》：

西方路上恶狗村，

先要念念狗母经。

狗母娘娘狗母经，

狗母肚里发善心。

……

《狗母经》主要是"提醒"逝者,在去西方时遇到"恶狗如何处置",并让菩萨保佑。

最后,和尚诵《十殿阎王》:

第一殿阎王,同你讨水钿……

第二殿阎王,同你讨银锭钿……

……

(注:"银锭",指金银财宝。)

《十殿阎王》寓意为逝者在去西方路上要"搞好关系",让逝者"放心"到达西方。

在和尚连续诵完《装银子》《水仙花秆》《狗母经》《十殿阎王》后,意味着给逝者"畅通"了前往西方的"道路",让逝者"安心前往"。这个仪式完成后,开始第二天的第一次转佛,要求同第一天。

20:00左右,继续诵经,内容有《阿弥陀经》和《往生咒》。

完成以上诵经后,即开始举行烧"稻草人"仪式。

"稻草人"要穿4件衣服和3条裤子,或穿5件衣服和2条裤子,衣服和裤子加起来的数量要成单。这时,帮忙人会用没有秤砣的秤杆称一下衣服,然后叫一声:这是谁家的衣服?逝者家主人会立即应声,这是我家谁的。

先在"稻草人"身下垫好稻柴和垫絮,"身上"盖好被子,"身边"还要放元宝等祭品。烧之前,还要在周围撒上石灰一圈,寓意划定界线,是给逝者的财物。参加葬礼的亲属要手持3炷香,在"稻草人"点燃后和燃烧过程中,要在边上围成一团。此时,逝者"尚未清楚"自己已到了另一个世界,还"不适应",可能"很害怕",烧"稻草人"的寓意是为逝者"壮胆、试路、适应"。

烧好"稻草人"后,开始拜谒、敬酒。拜谒就是参加葬礼的人向逝者拜3个谒,拜谒时要左手握右手(拳头谒),然后,在灵台的碗里敬酒。程序从长子开始,称为"开礼",接着,参加葬礼的其他人员继续进行。等全部人员行礼完成,称为"圆礼",由次子负责,此时,次子要把放在灵台处供拜谒的一捆稻柴拿掉。

接着开始拜忏,并开始诵《慈悲壬申宝忏》(一经)。

乡邻乡亲就开始做随缘小粑粑,蒸熟后放在"寿饭囤"(一种用稻草做成的小圆囤,内放小粑粑)内。小粑粑的数量是逝者的年龄,也有逝者年龄的2倍或数量越多越好。随缘小粑粑主要是给逝者到另一个世界"结人缘"之用。

再拜忏,诵《慈悲壬申宝忏》(两经)。

接着,开始第二天的第二次转佛,要求同前。

23:30左右,诵《心经》《往生咒》,诵经结束后,再次拜忏。

然后继续诵经,如逝者为男性诵《观音忏》(四经),如逝者为女性诵《观音忏》(两经)、《血湖忏》(两经)。

接着进行"讨人生"仪式,"讨人生"就是女儿对逝去的父母"祝福"来生。开头要哭叫一声逝者称呼,每一段后还要让其听在耳朵里记在清肚里。"讨人生"的主要内容有12段(带哭声):

> 一来要讨好人生,
> 要讨细皮白肉男子身。
> 二来要讨好人生,
> 要讨十八条被头盖人身。
> ……

讨人生结束后,开始第二天(实际上已是第三天)的第三次转佛,要求同上。

以上佛事全部完成后,和尚为亡灵作最后的"总结",系念功德四句,作为葬礼佛事仪式的结束。

> 系念功德见亡灵,
> 亡灵能见早超生。
> 完谶菩萨摩诃萨,
> 摩诃般若波罗蜜。

然后,把灵台上的佛像和蜡烛等移除,把引线和疏头一起放在香炉里烧掉。此时,灵台上已清理干净,和尚队伍完成佛事议程。

第三天(出殡当日)3:00左右,开始进行赞船仪式。赞船,就是和尚诵《赞船经》,当和尚念到"阿弥陀佛"时,大家一起拜一下。

> 金船好、好金船,
> 手拿金灯照四方。
> 移步上船一盏灯,
> 狮子滚出绣球灯。
> ……

赞船结束，女儿把逍遥船或解经船拿到丧家踏垌的水滩边，然后点燃烧掉。同时诵忏：莲船（逍遥船）或经船（解经船）顺风顺水到西方。

（三）出殡

出殡当天，主人家已做好了各种准备和安排，主要包括安葬过程中帮忙的人员、时间、内容等，分工必须统一明确，乡邻乡亲也会主动提醒并给予帮助。

快入殓前，如逝者为男性，就要请帮忙人为其理发、刮胡子。如逝者为女性，逝者女儿要为其梳头，还要诵《梳头经》：

山上出株黄杨树，

上山客宁买下来。

下山客宁肖脱来，

下山客宁车脱来。

……

（注："客宁"，指客人；"肖"，指砍；"车"，指运。）

到了入殓指定的时间，帮忙人开始在棺材底放置7个铜钱，称为"垫背钱"，也称为"圣垫"，这些钱币在棺内摆成北斗七星图案，寓意着逝者顺利前往西方。勺头在头部方向，勺口朝向为男的朝左、女的朝右。

垫背钱是对逝者的一种美好祝愿和期望，希望通过这种方式帮助逝者在来世获得更好的开始，体现了古人对于生死的独特理解和尊重。然后，在棺材内放入干石灰、纸元宝。最后，将遗体小心翼翼移入棺材内，再放好陪葬品和用红布包住的一碗饭和长秆菜、一双筷。

一切准备完毕,有人用一根线穿上一枚铜钱"引准"逝者位置,然后说一声"准线",把线拉断,一枚铜钱落入棺材里,再喊一声:跑出来(指逝者灵魂)。此时,在棺材的南侧不能有人,否则人的影子投影到棺材内,有不吉利之说。这是一个仪式,寓意逝者工工整整到达另一个世界。然后,就马上按上棺盖钉住。在钉最后一个棺材盖钉时,家属的白衣角还要在钉上象征性地敲一下,此举称为"发钉",寓意保佑子孙后代发财。

这时是家人最悲伤的时刻,哭丧进入高峰。

出殡前,参加葬礼的人要自行用手抓一些豆腐吃,寓意吉利、好运。

入殓后,帮忙人用两根门闩分别捆在棺材的两侧,在门闩上再穿好绳子,由8个人一起用扁担抬起棺材,这个过程非常迅速。

棺材抬出后,挂白要迅速取下、蜡烛吹灭、大门归位、灵台移走,撤除耗堂。棺材抬到堂前场上要顺时针转三圈(也有逆时针转三圈,或顺、逆时针各三圈),寓意扰乱逝者魂魄,到另一个世界不能再回来。

然后,抬棺材的人跟着撒黄纸的人,称为"卖路子",也称卖路钿,为逝者铺路引导。接着,头顶白布(此前的挂白)的人紧随其后,称为"做花子",通常由5—7位(成单)年轻女子组成。出殡队伍直接去往棺材的埋葬地。撒黄纸的人遇到转弯和桥梁时,都要向逝者"提醒一声"。

在抬棺材的队伍后面,紧随其后的是长子长媳,长媳穿着布襕，抱住寿饭囤和万年青（根部用红纸包裹），一路还要带头哭几声，再后面就是送葬的队伍。

棺材抬到了埋葬的地点，还要转一圈，在安葬地烧好黄纸和元宝，片刻之后，再把棺材轻轻放在预定位置，培土覆盖。

最后，送葬队伍回家吃午饭。回来的路不能走原路，意思是不走回头路。

出殡仪式完成后，也是最后一次豆腐饭，是葬礼中最高标准的宴席。

出殡的回程，主人头上的白布要盘在头上，还要加一片树叶子，并需要按照逝者家属后代的长幼排序，长者排在第一，以此类推（老大、老二……），后面的人紧跟，回程时不能回头看。

送葬人回到家里前，大家要围着点燃的稻草三墩央火转一圈。在家里帮忙的乡邻乡亲已搞好了卫生（葬礼期间不能扫地），把家里恢复成原样。然后做好馄饨烧熟，准备糖果、利是糕、糖茶和梳子，等待送葬人员回来时品尝和使用，这个过程称为"接太平"，主人媳妇还要讨好口彩：

你要保佑大小妮妮伤风咳嗽断住根。

你要保佑大小妮妮一年到头脚指头不踢开一个。

你要保佑孙男孙女才要好。

你要保佑大小妮妮空船出满船居。

……

（注："大小妮妮"，指子孙后代；"才要好"，指全部好；"居"，指归。）

出殡后，家里还要在堂屋安放一只座台，上面安放一个"座亭"（纸制房子和生活用品），座亭内放置"牌位"（书写逝者姓名、称谓等内容，以供人们祭奠的木牌）。家里主妇每人需要按时供奉祭拜，一直等到脱白结束。

下午，主人和帮忙的人还会继续回到埋葬地，把烧好的三只菜、一碗饭放在拔秧凳上祭拜，这个仪式称为"复墓"。然后，帮忙人用稻草包棺材，称为"草包棺材"，或砖瓦包棺材，称为"砖包棺材"。最后，在逝者脚的方向种上万年青，并把寿饭囤架在桑树上。至此，棺材的埋葬全部完成。

家里亲人刚刚过世后，除了白衣，披麻戴孝要至少等到断七（七七四十九天）。

（四）做七

1. 头七

头七（逝者过世后的第7天）。媳妇一早（一般7:00左右）准备好饭菜，点上蜡烛，举行祭拜仪式，主妇还要哭几声。

2. 二七—四七

二七—四七（逝者过世后的第14天、21天、28天）。兄弟轮流举行，祭拜仪式可以稍微简单一些。举行时间则慢慢推迟，二七、三七、四七分别推迟1小时左右举行。

3. 五七

五七（逝者过世后的第35天）。传说到了五七，逝者已经知道自己到了另一个世界，家里人来看望他（她），因此，在葬礼上穿白衣的人要一起到丧家。还要请来和尚诵《慈悲壬申宝忏》，然后再举行烧"稻草人"仪式，仪式同前。五七举行仪式时必须是正午（12:00左右）。

4. 六七

六七（逝者过世后的第42天）。要吃别人家的饭菜，一般是出嫁的女儿带来，如果没有女儿（或没有出嫁），就要向别人要饭菜，六七举行仪式大约在15:00。

5. 七七

七七（逝者过世后的第49天），也就是断七，断七同头七需要全家参加，断七举行仪式大约在16:00。

（五）脱白

逝者过世1年、3年、5年（必须为单年）的适当时候，根据家庭情况，如后代要结婚、建房等大事，时间就缩短一点，但至少要1年，家里要举行一个脱白仪式，也称为"除耗"。这个仪式一般在冬至前举行，全程邀请和尚主持并诵《慈悲壬申宝忏》。

脱白时要把丧事期间穿白衣的人全部叫上，并最后一次穿上白衣。大家拜三拜后，脱掉白衣，然后让身上带一点红色的"记号"（一般为一段红头绳），同时，把牌位送到家堂上，把座亭拿到自家踏垌水滩边点燃烧掉。

脱白仪式完成后，对逝者的纪念进入常规状态，即每年清明节祭拜和上坟祭祖。

古时候讲究厚葬是厚德和孝顺。20世纪80年代后，农村开始实行火葬，葬礼仪式有所简化。

七、其他

民间的规矩还有许许多多。如衣柜不朝南，碗柜不朝北；床要平行梁放置，床不能对门；屋前不能对大路，建房不能对着洋；吃鱼时不能翻身；借用的儿童摇篮、坐车、立囤（桶）等用具，要等到东家讨了以后才能还；借用的药罐不能还；本命年要穿红内衣；73岁、84岁不能过生日；还有在33岁时，称为"33乱刀斩"，至亲要送晚辈33个"肉饼子"（肉丸子）；在66岁时，至亲晚辈要送长辈66块肉等。这些民俗能够传承下来，虽然很多内容我们不知其所以然，但其中包含着一定道理。

中华文化源远流长，很多东西以前看似"迷信"，但仔细品味奥妙无穷，古人每时每刻都在潜移默化教育和提醒我们后人为人处世之道。有些东西拥有时，不觉得其重要和珍惜，一旦失去了，就会让我们走弯路甚至迷失方向，回味过来后悔莫及。如把老房子拆了，就无法恢复，把老物件扔了，就再也没有了，即使再仿造，也没有原来的味道。文化缺失和断层，是一种愚昧和精神的伤痛，我们必须好好补课、认真反思、及时拯救，才能找到不足、豁然开朗。因此，我们在学习别人的长处时，不能忘了自己的优秀传统。破旧立新，必须尊重历史、取长补短，才能一脉相承、发扬光大。

后　记

我出生在农村，在地处江南水乡的浙江嘉兴长大，对农民和农村始终怀有一种天然的感情。家乡的河流村舍、田野庄稼，还有那里的村民和乡音，总在我心头萦绕。这种与生俱来的情愫，自然纯粹、发自内心，也无法替代，正如古人说的："树高千丈，叶落归根。"家乡，好似风筝的一根线，牢牢拴住我们的心。

随着年龄的增长，对于家乡的牵挂，变得越来越浓烈。我的内心经常会泛起复杂的情感回忆，也经常在想，我能为生养我的这片土地做点什么？留下点什么？

我们的国家在很长一段历史时期内，根据国内外形势的要求，实行用工农产品价格"剪刀差"的经济政策，这为共和国的工业发展和城市建设打下了最初的经济基础。然而这也导致了城乡之间的巨大差别，可以说没有广大农民的巨大付出和牺牲，就没有我国的工业基础和现代化的今天。

1980年前后，中国经济发展进入稳定期，人们的思想观念开始从传统保守、封闭拘谨中解放出来，政治上拨乱反正、教育上恢复高考、农村分田到户、文化百花齐放……新生事物层出不穷。从此，以经济建设为中心成为我国发展的基本国策，社会经济模式也从传统农耕转向现代工业文明。

有人说20世纪60年代出生的人经历多、见识多、收获多，所以"寿命最长"。我们这一代人的成长跨度和生活变化，应该是前无古人，后无来者。作为一名工程技术人员，我喜欢总结过去、分析思考，觉得凡是能传承下来的中华文化皆是精华。古人的智慧，我们必须学习，并应当努力践行与升华。虽然夫人经常骂我狗抓耗子，但我愿意做这样的事情。

本书主要记叙我国在1960—1980年前后农业、农村和农民的发展，农民又如何保持着千百年来的一些习俗和文化，按照一年四季家乡的农耕习俗时序（尽可能按照家乡的叫法，首词出现在其后括号中有备注），描述了农民的艰苦生产生活场景和我的所见所闻，对那时的匠商、建房、织布等百工，以及婚俗、祭祀、葬礼等传统礼仪进行了表述，力求让人身临其境，这也是本书最花精力之处。

本书在写作过程中，得到了丁燕、张觉民、姚仲金老师和峙宇大师的悉心指教、帮助，邱剑忠、张明华、钱宝良、孙根寿、阮连观等好友给予了内容修正并提供了很多信息、资料，在此一并表示衷心感谢。

由于知识水平有限、时间仓促，本书一定存在很多不妥之处，敬请广大读者批评指正。

董发根
2025年3月

图书在版编目（CIP）数据

七星香/董发根著. -- 北京：文化艺术出版社，2025.3. -- ISBN 978-7-5039-7813-5

Ⅰ.K892.29

中国国家版本馆CIP数据核字第20255PX812号

七星香

著　　者	董发根
责任编辑	贾　茜
责任校对	董　斌
封面设计	顾　紫
出版发行	文化艺术出版社
地　　址	北京市东城区东四八条52号（100700）
网　　址	www.caaph.com
电子邮箱	s@caaph.com
电　　话	（010）84057666（总编室）　84057667（办公室）
	84057696—84057699（发行部）
传　　真	（010）84057660（总编室）　84057670（办公室）
	84057690（发行部）
经　　销	新华书店
印　　刷	国英印务有限公司
版　　次	2025年3月第1版
印　　次	2025年3月第1次印刷
开　　本	880毫米×1230毫米　1/32
印　　张	6.75
字　　数	134千字
书　　号	ISBN 978-7-5039-7813-5
定　　价	58.00元

版权所有，侵权必究。如有印装错误，随时调换。